시간?
이렇게 관리하라

시간?
이렇게 관리하라
Time Management Skills

일본세상조사연구회 지음 l 강성욱 옮김

밀라그로

Contents

머리말

발상의 전환으로
시간을 효과적으로 관리하는 방법

당신은 '시간'에 대해서 깊게 생각한 적이 있는가? 조금 철학적이지만 시간은 당신이 세상에 태어날 때부터 생애를 마감할 때까지 항상 당신과 함께 한다. 말 그대로 인생의 파트너이다.

다시 말하면 당신의 시간은 당신 자신의 것이지 어느 누구의 것도 아니기 때문에 어떻게 사용하든 당신의 자유다.

단지 사람은 혼자서 살아갈 수 없기 때문에 인생의 경험이 쌓여감에 따라 당신의 시간은 많은 사람들의 시간과 교차하고 때로는 어떤 사람과 시간을 공유하거나, 때로는 당신의 시간을 많은 사람이 공유하기도 한다.

그래서 마치 자신의 시간이 없어진 것처럼 느끼거나 쓸데없는 일에 시간을 사용하고 있는 것처럼 느끼게 되지만, 당신의 시간이 사라지거나 적어진 것은 아니다.

당신이 존재하는 한 당신은 항상 시간과 함께 살아가고 있다. 시간을 의미 있게 사용하거나 낭비하는 것도 모두 당신 자신에게 달려 있다. 사람들은 가능하면 시간을 의미 있게 보내고 싶어 한다. 그래서 당신은 이 책을 손에 들었다.

'시간이 조금만 더 있었으면.', '시간이 부족해.', '시간을 헛되이 쓰고 있다.', '시간에 쫓기고 있다.', '시간에 얽매어 있다.', '시간을 잘 관리할 수 없다.' 등등 매일 시간에 대해서 생각하고 있는 사람은 분명히 자신의 시간 사용법에 대해 만족하고 있지 않을 것이다.

능숙하게 만족한 시간을 보내고 있는 사람은 그다지 시간에 신경을 쓰지 않는다. 사람에 따라서는 '도대체 공부는 언제 하고 있는 것인가?', '놀고 있는 것처럼 보이는데 일은 언제 그렇게 꼼꼼하게 처리하고 있는 것인가?' 하고 의아해 할 정도로 시간을 효율적으로 사용하는 사람이 있다.

그런 사람을 보면 누구나 '자신도 가능하면 그런 유형의 사람이 되고 싶다.'고 생각할 것이다. 아무것도 어려울 것이 없다. 처음에 말했듯이 당신의 시간은 당신이 자유롭게 사용할 수 있다.

따라서 현재 자신의 시간 사용법에 불만이 있다면 자신이 만족

할 수 있는 시간 사용법으로 바꾸면 된다.

'1분을 120초로 하고 싶다.', '1시간을 100분으로 하고 싶다!' 이것은 불가능하지만 마치 1시간을 120분처럼, 하루를 30시간인 것처럼 실천하는 것은 불가능하지 않다. 분명한 목표를 가지고 아주 조금만 머리와 몸을 써서 시간을 자신의 손 안에 넣으면 시간은 놀랄 만큼 자신의 생각대로 흐르게 된다. 물론 실천적 기술과 노하우는 있다. 하지만 이 책에서는 그 이상으로 '발상의 전환'에 비중을 두고 있다.

이 책을 손에 든 당신은 당신의 시간을 '이 책을 읽는 것'에 투자해 보려고 생각한 것이다. 2시간에 독파를 하든지, 종일 읽든지, 그것은 당신의 인생 중에서 소중한 시간을 들여 투자한 그 시간이 절대로 낭비가 아니라는 점만은 약속한다.

시간은 당신의 일생의 파트너이기 때문에 충분히 이해하고 무리하지 말고 사이좋게 더불어 살아가는 것이 중요하다.

1장

하루는
누구에게나
평등하다

3분 동안
무엇을 할 수 있는가?

'3분간'이라는 말을 들으면 컵라면이 익는 시간을 떠올리지만, 그 3분 동안 무엇을 할 수 있는지 생각한 적이 있는가?

당신은 컵라면에 뜨거운 물을 붇고서 익을 때까지 무엇을 하는가?

멍하니 시계를 보면서 3분이 흐르는 것을 기다리고 있는가? 아니면 책을 읽거나 신문을 보거나 다른 일을 하면서 기다리는가?

이것은 한 가지 일을 하면서 효율적으로 다른 일을 한다는 그런 말이 아니다.

예를 들어 3분이면 3분, 5분이면 5분, 자기 나름의 시간감각을 세워두고자 하는 것이다. 즉 자신만의 시간의 척도를 가지라는 것이다. 이 시간을 가늠하는 척도를 확실히 가지고 있으면 그 척도를 기준으로 여러 가지 행동을 할 수 있다.

예를 들어 아나운서는 기사를 읽을 때 적절한 속도로 1분간 말하는데 400자 원고지 1장이라는 기준을 가지고 있다고 한다. 이것이 바로 척도이다. 원고지 2장이면 2분, 5장이면 5분이라는 기준을 세울 수 있다.

이 기준을 가지고 있으면 "5분간 연설을 부탁한다.", "말하고 싶은 내용을 3분으로 정리하라."라는 제한이 붙어도 어렵지 않게 끝낼 수 있다. 이것은 말하는 것에만 제한된 것이 아니다.

"욕조에 물을 채우고 커피를 끓이는 데 시간이 얼마나 걸리는가."라는 척도를 머릿속에 넣어두는 것이다. 이렇게 자신만의 기준을 파악하고 있으면 그 사이에 할 수 있는 일이 명확해지기 때문에 몇 가지 일을 동시에 하더라도 예상이 빗나가서 욕조에 물이 넘치거나, 커피가 식어버리는 일들은 없을 것이다.

흔히 사람들의 금전감각을 측정하는 척도 중 하나로 '달걀 한 개의 가격', '무 하나의 가격', '편의점 삼각김밥 한 개의 가격' 등을 예로 든다. 시간감각 중에서도 기준이 되는 구체적인 사항을 만들어 놓는 것이다.

그리고 누군가에게 물어보거나 일반적인 수치가 아니라 자신만의 독자적인 수치를 파악해 두면 보다 정확한 척도를 완성할 수 있을 것이다.

집에서 가장 가까운 버스 정류장까지 걸어가는 시간, 뛰었을 경우의 시간, 자전거로 갈 경우의 시간, 버스 정류장에서 지하철역 환승까지의 시간, 남성이라면 면도하는 데 걸리는 시간, 여성이라면 평소에 화장을 하는 데 걸리는 시간……. 이런 사소한 시간도 머릿속에 입력시켜 두면 5분 정도의 지각은 잘 조절할 수 있을 것이다.

마찬가지로 10분간, 30분간, 1시간이라는 제한된 시간에 무엇을 할 수 있는지, 자기 나름의 데이터를 만들어 둔다. 이것이야말로 시간을 유효하게 이용하는 기술이자 주어진 시간 내에 자신이 해야 하는 일과 가능한 일이 명확해진다.

'10분이면 이것을 할 수 있다.', '30분이면 이것과 저것을 넉넉히 할 수 있다.' 라는 식으로 바로 알 수 있게 말이다.

간단한 일은 아니지만 자신이 할 수 있는 범위 내에서 기준을 만들어 두고 꼭 시도해 보자(19쪽 참조). 될 수 있으면 많은 척도를 기준으로 파악해 두면 '30분 안에 해달라.', '1시간 내에 정리해주길 바란다.' 라는 말을 들어도 자신의 척도에 따라서 '알았다.' 라고 대답할 수 있고 '30분은 어려울 것 같은데 조금만 더 시간을 주길 바란다.' 라고 분명하게 말할 수 있다.

먼저 1분, 3분과 같이 짧은 시간의 척도를 만들어 보기를 바란다.

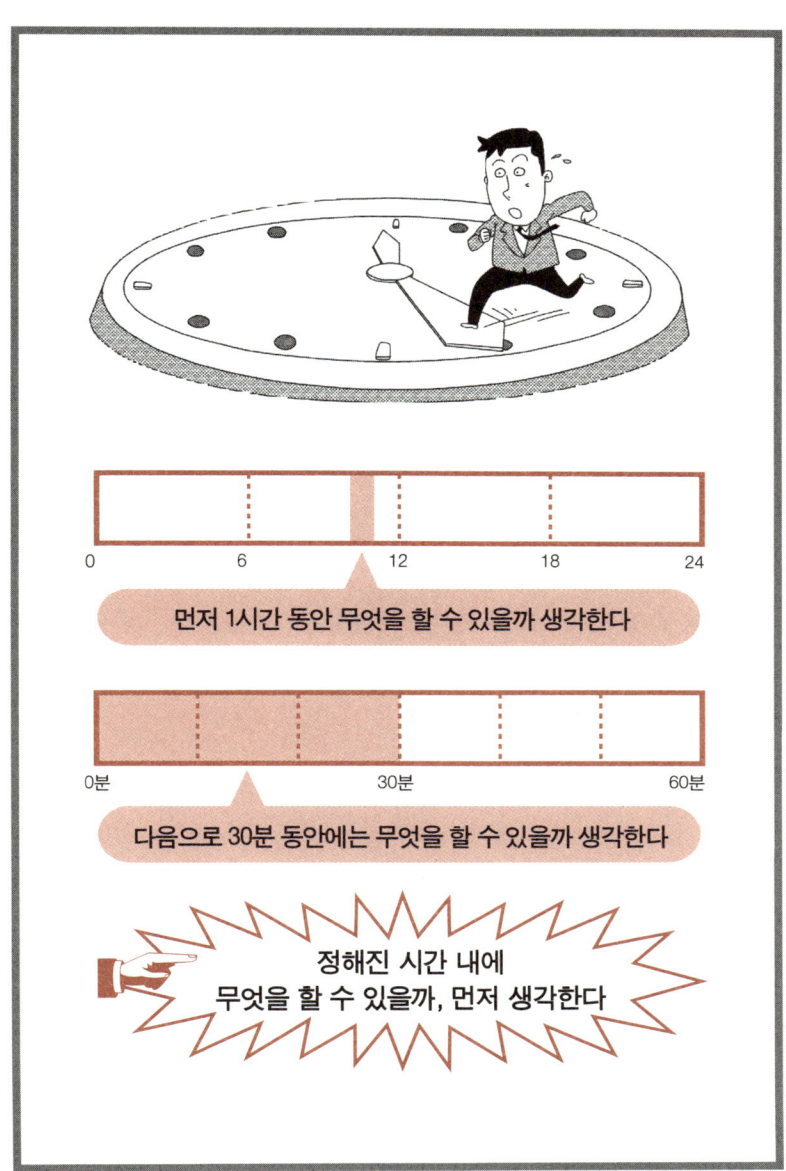

먼저 1시간 동안 무엇을 할 수 있을까 생각한다

다음으로 30분 동안에는 무엇을 할 수 있을까 생각한다

정해진 시간 내에
무엇을 할 수 있을까, 먼저 생각한다

19

마음먹기에 따라
하루가 25~30시간도 된다

　언젠가? TV 프로그램 안내를 할 때 '오늘밤 26시, 놓치지 마십시오!' 또는 '오늘 24시 30분부터 드디어 방송 시작!' 이라는 표현을 한 적이 있다.

　단순히 생각하면 하루는 24시간이니 '24시 30분' 이나 '26시' 라는 표현은 맞지 않는다. 정확히 말하면 '심야 0시 30분' 이거나 '내일 새벽 2시' 이다. 그런데 '항상 잠을 새벽 3시나 4시에 자는' 저녁형 인간에게는 24시가 지나도 다음 날이라는 실감이 들지 않고 그날의 연장인 24시 30분이라고 말해야 실감이 든다. 이치에 맞지 않는 표현이라고 할 수 있다.

　이런 비슷한 생각으로, 하루 24시간이 25시간이 된 것처럼 느끼게 하는 것은 가능하다. 무슨 말인가 하면 매일 수면시간이 7시간인 사람이 어쩌다 6시간만 자고 일어났다고 하자. 평소라면 아침 8시에 일어나는 사람이 7시에 일어나면 평소에는 자고 있을 7시부터 8시까지의 1시간이 그 사람의 눈앞에 선명하게 펼쳐지는 것이다.

여기서 '아직 1시간 더 잘 수 있다!' 라고 다시 잠을 자서는 아무 소용이 없다. 기왕에 일어났으니 그대로 일어나서 평소에 불가능했던 일에 도전하는 것도 좋고, 귀가 후에 하려고 마음먹고 있던 일을 아침에 처리하는 것도 좋다. 하늘로부터 받은 이 황금 같은 시간을 유용하게 사용하는 것이다.

실제로는 수면시간이 1시간 적어졌지만 기분은 하루가 25시간이 된 것처럼 느끼는 것이다. 그 시간을 낭비하지 않기 위해서 평소에 하고 싶었던 일을 적어두거나, 머릿속에 기억해 둘 필요가 있다. 목적이 없으면 귀중한 1시간을 허비하면서 보내기 마련이고, 멍하니 시간을 흘려보내서 결국은 평소와 똑같은 날이 되어버리기 때문이다.

이것은 수면시간에만 국한된 이야기가 아니다. 어쩌다 외근을 나갔다 일이 빨리 끝나서 평소보다 퇴근시간이 빨리진 경우가 있을 것이다. 또 약속이 갑자기 취소되거나, 아침회의가 갑자기 취소되는 경우도 있다.

더욱이 주말의 접대골프가 날씨 때문에 취소되고 그날의 일정이 완전히 비어버리는 경우도 있다. 대부분의 사람은 실망해서 다시 잠을 자거나 한다. 이때 잠을 자지 말고 자리를 박차고 일어나야 한다. 뜻밖에 황금 같은 시간을 맞이할 수 있다.

그럴 때 하고 싶은 일들을 생각해 두면 빈 시간에 맞춰 무엇을 할 수 있을 것인지 명확해진다.

시간이 생기고 나서 '어떻게 할까.' 하고 생각하면 그만큼 시간은 지나가버린다. 전혀 예기치 못한 시간을 온전히 유효하게 이용하는 것이야말로 살아 있는 시간의 사용방법이라고 할 수 있다.

드라마 '24'에서
무엇을 배울 것인가?

미국 TV 드라마 중에 '24'라는 것이 있다. 내용을 간략하게 설명하면 미국 연방기관인 CTU 로스앤젤레스 지국의 조사관 잭 바우어가 주인공으로, 동료는 물론 가족까지 연관된 국제 규모의 테러와 싸우는 서스펜스 액션물이다.

예측할 수 없는 스릴 만점의 이야기 전개로 완결되기까지의 24시간을 1회 1시간이라는 리얼타임으로 보여주는 참신한 기법이 인기를 끌어, 비디오 대여점에서는 대여를 기다리는 사람들이 줄을 서서 좀처럼 빌려 볼 수 없었던 적도 있었다.

또 화면을 나누어 동시 진행되는 사태를 묘사하는 '분할·교차 편집 화면'을 많이 사용한 것도 특징 중 하나이다.

특히 손에 땀을 쥐게 하는 장면들과, '어제의 친구가 오늘의 적'이 되고 방금 전까지 같은 편이던 사람이 갑자기 적으로 변하거나, 사건이 해결됐다고 생각하는 순간 다음 사건이 숨겨져 있거나, 숨 쉴 시간조차 없는 흥미진진한 작품으로 미국에서는 일 년 반 동안 방영됐다.

그 '24'를 보면서 든 생각이 주인공 잭 바우어를 비롯한 주요 등장인물은 어느 누구 하나 최초의 사건이 일어나고 마지막으로 해결될 때까지인 24시간, 잠을 자는 모습이 없다는 것이다. 그뿐 아니라 밥은 먹고 있는 것인가라는 걱정까지 들 정도로 일단 사건이 일어나면 1분, 1초를 다투는 긴급 상황의 연속이다. 드라마라고는 해도 이렇게 밀도감 있는 24시간은 없을 것 같은 하루가 전개되고 있다.

24시간 일을 한 다음 날은 분명히 휴가를 얻어 휴식을 취할 것이라고 생각하지만, 실제로 우리들은 철야를 한 다음 날에는 아무 일도 할 수 없는 상태가 되어버린다. 하물며 목숨 걸고 혼신의 힘을 다한 극한 상황에서 보낸 24시간 이후라면 녹초가 되어버렸을 것이다.

우리들은 가능하면 그런 상황에 빠지는 일 없이 평온무사한 24시간을 보내고 싶어 하지만, 막상 그런 상황이 닥치면 24시간 동안 혼신의 힘을 다해 얼마나 많은 일을 할 수 있는가를 가르쳐

주는 드라마이기도 하다.

　국제테러와 싸우는 일은 없을 테지만, 마무리해야 하는 보고서나 기획서, 반드시 지켜야 하는 원고 마감일 등과 같은 상황은 당신이 일상에서 겪고 있는 일들이다. 그럴 때 꼭 떠올리기를 바라는 것이 '24'이다. '어차피 늦었어.', '이젠 소용없어.'와 같이 일을 시작하기도 전에 포기해 버리자는 생각으로는 아무것도 이룰 수가 없다.

　하루 24시간을 크게 나누면 수면시간, 근무시간, 출근(등교)시간, 식사시간, 휴식시간으로 나눌 수 있다. 가장 많은 시간을 차지하는 것이 근무시간과 수면시간이다. 하지만 절박한 상황은 평소의 근무시간으로는 끝낼 수 없는 일에서 생긴다.

　예를 들어 8시간 일을 한 다음 몇 시간을 더 하면 일을 끝낼 수 있는지를 예측해 보는 것이다.

　5~6시간이라면 휴식시간을 없애면 그걸로 충분하다. 10시간이 필요하다면 휴식시간과 수면시간을 반으로 줄이면 된다. 14~15시간이라면 이때는 잭 바우어처럼 식사시간도 포기하고 오로지 그 일에 집중할 수밖에 없다.

　보통의 업무는 무리하지 않는 시간으로 업무량을 나눈다. 또 3일에 끝내든지, 일주일에 끝내라는 지시를 받으면 자기 나름대로 하루의 업무량을 정한다. 반대로 말하면 업무량을 날짜로 나누어 하루 10시간 일을 하지 않으면 안 되는 업무라면 그 계산이 성립한 시점부터 그 일을 받아들일지 거부할지, 기한을 연장하는 등의 대응책을 생각해야 한다.

일단 업무를 지시받고서 나중에 "시간이 없어서 할 수 없었습니다."라고 하면 "그럼 처음부터 그렇게 말을 해야지."라는 말을 들어도 어쩔 수가 없다.

'인생의 시간'은 사람에 따라 다르지만 '24시간'은 누구에게나 평등하게 주어졌다. 그리고 그 사용 방법은 당신의 자유이다. 따라서 어떻게 사용할 것인가는 24시간부터 계산해 가면 된다. 그다음은 효율과 밀도의 문제이다. 드라마 '24'는 '마지막까지 포기하지 말라.'라는 것을 가르쳐주고 있는 것이다.

24시간을
몇 개로 나누어 쓰고 있는가?

앞에서 언급했지만 개략적인 24시간 시간표를 만들어 보면 수면시간, 근무시간, 출근(등교)시간, 식사시간, 휴식시간으로 나눌 수 있다.

세세하게 말하면 끝이 없으니 대체로 이런 정도일 것이다. 출근시간이나 식사시간은 매일 큰 폭의 변동은 없다. 하지만 근무시간은 줄어드는 일이 없지만 야근이나 접대처럼 늘어나는 경우는 종종 있다.

또 동료나 친구, 이성과 만나는 시간은 24시간 중에서 가장 편안한 휴식시간으로 유동적으로 사용할 수 있는 시간이다. 그런데 대부분의 사람들은 늘어난 근무시간을 휴식시간에서 변통한다.

또 휴식시간이 늘어나면 그 시간을 수면시간으로 대체하게 된다.

일만 해서는 휴식시간이 부족해서 쉴 시간이 줄어들거나 지나치게 휴식시간을 취하면 이번에는 느긋하게 잠잘 시간이 없어서 어느 쪽이든 스트레스가 쌓이게 된다.

그렇다고 해서 매일 판에 박힌 것처럼 똑같은 시간표에 똑같은 일만 반복해서는 일상이 재미없다. 적절한 여가와 분주함이 매일의 활력소가 돼서 인생의 윤활유 역할을 해주는 것이다.

이와 같이 하루 시간표의 항목들을 열거해 보았을 때 당신의 느낌은 어떤가? 수면 6시간, 근무 8시간, 출근 2시간, 식사 2시간…… 이럴 때 '뭐야, 자유시간은 하루에 6시간밖에 없잖아.' 하고 낙담하는 사람도 있을 것이다.

몇 번을 말하는 것이지만 시간은 모두 당신의 자유다. 8시간을 일하거나 수면시간이 너무 많다고 생각하여 그 시간을 줄이는 것도 당신 자신이다. 휴식시간만이 당신이 자유롭게 무언가를 할 수 있는 시간이 아니라 24시간을 자유로운 시간표로 하는 것도 바로 당신 자신이다.

자신이 하고 싶은 것, 또는 일을 취미로 삼은 사람이라면 근무시간과 휴식시간은 같아질 것이고, 일이 즐거운 사람이라면 어떤 의미에서는 근무시간과 휴식시간의 경계는 허물어질 것이다.

흔히 축구선수를 보고 "한 달에 며칠밖에 경기를 하지 않다니

부럽군!" 하고 말하는 사람이 있지만 축구선수 본인은 '말도 안 되는 소리.'라고 생각할 것이다. 실제로 경기를 하는 것은 대회가 열리는 중일지 모르지만, 대회가 없을 때에는 아침부터 매일 연습을 하고도 모자라 밤늦게까지 실전처럼 연습하지 않으면 안 된다. 하루가 온통 축구를 중심으로 움직이는 것이다.

그럼 당신의 24시간 시간표를 만들어보고 처음에 느낀 감상을 그때로 반영시켜서 다시 한 번 시간표를 만들어 보자. 분명히 그 것이 당신이 이상으로 생각하는 24시간 시간표일 것이다. 그 시간표를 목표로 며칠 정도 그 스케줄에 따라 보내보고 무리한 점은 서서히 수정해 보는 것도 좋을 것이다.

'24시간밖에 없다'와 '24시간이나 있다'

인간은 '낙천적인 인간'과 '비관적인 인간' 이렇게 두 종류로 나눌 수 있다. 절박한 상황에 빠졌을 때 '아직 괜찮아.'라고 생각하는 사람이 낙천적인 사람이고 같은 상황인데도 '이젠 틀렸다.' 라고 포기하는 사람이 비관적인 사람이다.

어느 쪽이 좋은가 단정적으로 말할 수는 없지만, 진취적으로 사물을 보려는 자세는 좋은 것이다. 설혹 결과가 어중간하게 끝났다고 해도 그때까지의 노력은 주위 사람들에게 인정받을 수 있다.

그리고 '24시간은 무리'라고 미리 단정하는 것이 나쁜 것이 아니라, 무조건 기한을 지켜야 한다는 발상을 전환해서, 어떻게 하든 '24시간 후에는 약속의 반, 그 24시간 후에는 나머지를' 이라고 자신과의 타협에 성공하면 그것은 그 나름대로 좋은 결과를 얻은 것이 된다.

가장 좋지 않은 것은 포기한 채 아무것도 하지 않거나 도망치는 것이다. 그런 사람은 시간술을 운운하기 전에 사회인으로서의 자세를 처음부터 다시 배워야 한다.

처음에 말했듯이 시간은 누구에게나 평등하게 주어졌다. '24시간'이라는 구분이 A에게는 '불가능'하지만 B에게는 '어떻게든 될 것 같다.'라는 상반된 결론을 이끌어내는 것은 객관적으로 재미있는 현상이다.

절박한 상황이 아니더라도 하루 24시간이 '짧다.'고 느끼는 사람은 충실한 하루를 보내는 사람일 것이다.

일이나 일상생활 외에 취미시간이나 공부시간, 봉사활동이나 지역 활성화를 위한 행사에 참가하는 등 다방면에서 활동하고 있는 사람은 무언가를 하고 있지 않으면 안정이 되지 않는 성격의 사람이 많고, 자신의 24시간 스케줄을 되돌아보고 아침 1시간을 '어딘가 쓸 곳이 없을까.' 하고 되돌아본 후에 아침 운동시간을 집어넣거나 한다.

한편 평소부터 하루 24시간이 있으면 '충분하다.'라고 생각하는 사람은 어쩌면 매일의 생활을 충분히 즐기지 못하고 자신의 시간을 온전히 활용하지 못하는 사람일지도 모른다. 하나의 생활습관에 따라 행동하지 않으면 불안한 유형이라면 인생을 즐길 수 있는 다양한 일에 도전한다는 의미에서 보면 어쩐지 손해를 보고 있다고 말할 수도 있다.

개중에는 자신의 인생에서 불필요한 일에는 전혀 관심이 없고 행복한 가정과 먹고살기에 곤란하지 않을 만큼 재산이 있다면 괜찮다고 말하는 사람도 있다. 그 나름대로 인생에 달관한 훌륭한 삶의 방식이라고 생각하지만, 그 경지에 도달하는 것은 좀처럼 어렵다.

따라서 많은 고민을 안고서 살아가는 대부분의 사람에게는 시간을 변통해서 시간을 자기편으로 만들거나 적으로 만들면서 하루하루를 보내면서 웃고 울게 되는 것이다.

시간에
융통성을 가지고 있는가?

시간을 효율적으로 사용하려고 해도 24시간 내내 지금은 무엇을 해야 하는지, 어떻게 하면 시간을 효율적으로 보낼 수 있는지를 생각하고 있을 수는 없다. 그 생각만 하다가는 오히려 아무것도 할 수 없게 된다.

중요한 것은 집중하는 시간과 숨 돌릴 시간을 잘 조절하는 것이다. 어린아이들은 자신이 좋아하는 일, 즐거운 일에 열중하면 '그만두라!' 라는 말을 들을 때까지 계속한다. 잘못하면 무리해서 감기나 몸살에 걸리기도 한다.

어른도 시간을 잊어버릴 만큼 너무 집중해서 건강이 나빠지기도 한다. 이 집중하는 시간과 휴식시간의 균형을 잘 구분하는 것이 효율적인 시간 관리술의 기본이다.

예를 들어 시간에 쫓겨서 점심시간에 편의점에서 삼각김밥을 사서 책상에서 대충 때우고 바로 퇴근시간까지 쉬지 않고 일을 계속했다고 하자.

단순작업이라면 모르지만 머리를 써야만 하는 일일 경우라면 점심시간에 잠시 휴식을 취하고 도중에 또 한 번 휴식을 취하는 편이 분명히 일의 능률이 올라갈 것이다.

책상에 계속해서 앉아 있다고 해도 절약한 시간은 고작 1시간도 되지 않는다. 그 1시간을 벌기 위해 희생한 것은 너무나 큰 것이라고 할 수 있다.

기분전환, 스트레스 해소, 안정, 휴식……. 이런 것들은 시간에 융통성을 주기 위한 필요불가결한 요소로 아주 작은 시간만 할애하면 일의 능률을 훨씬 더 향상시켜 준다.

본인은 한눈을 팔지 않고 집중했다고 만족해 할지 모르지만, 그것은 잘못된 생각이다. 인간의 집중력은 몇 시간이나 지속되지 않는다. 끼니를 거르지 않고, 에너지를 보급하고, 적절한 휴식을 취하며, 기분전환을 하면서 일을 하는 편이 결과적으로 효율적으로 할 수 있는 것이다.

자동차를 운전하는 사람이라면 누구나 경험한 적이 있을 것이다. 고속도로에서 운전 중에 잠이 쏟아진다고 가정해 보자. 그럴 때 1분이라도 빨리 목적지에 도착하려고 잠과 싸우면서 쉬지 않고 핸들을 붙잡고 있는 것보다 가까운 휴게소에서 일단 바람을 쐬거나 가벼운 운동이나 심호흡, 또는 스트레칭을 하는 것만으로 잠은 달아나고 기분이 상쾌해져서 운전도 원활하게 할 수 있다. 그 사이의 손실된 시간은 겨우 5분 정도밖에 되지 않는다.

특히 집중력을 높이기 위해서는 시간의 흐름에 악센트나 융통성을 주는 것이 중요하다는 것을 기억해 둬야 한다.

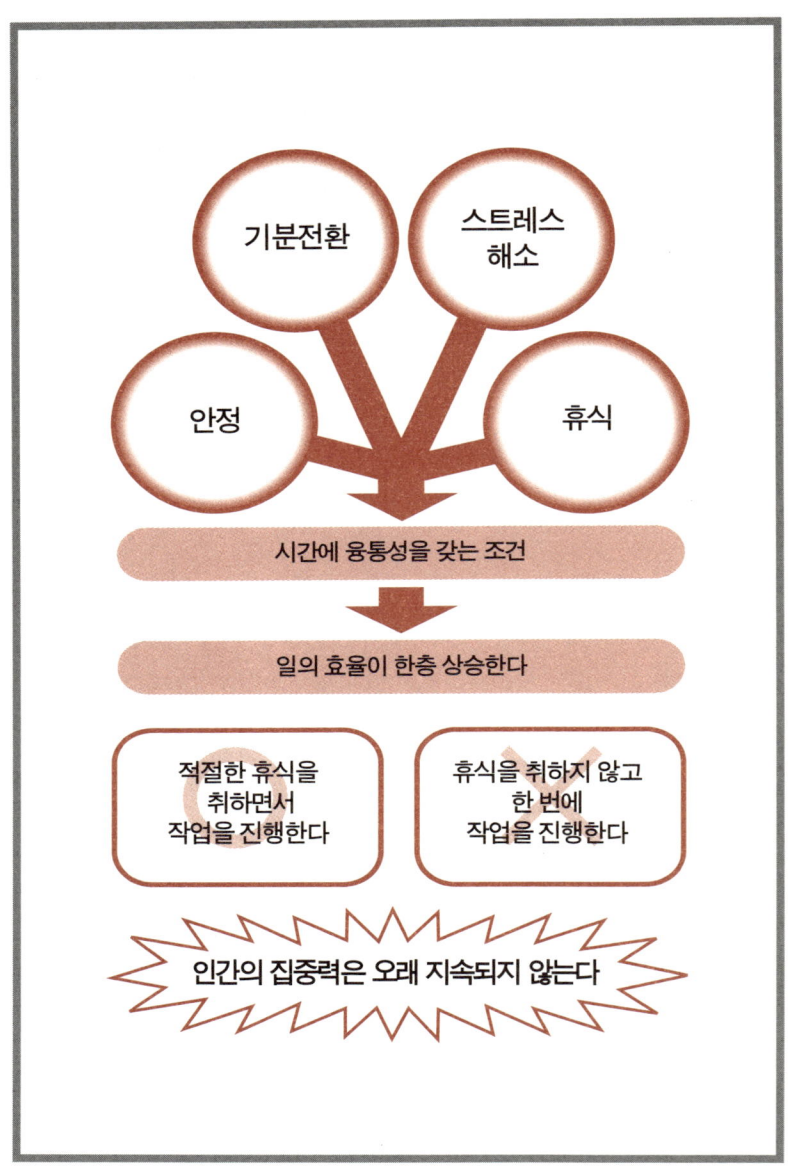

빌 게이츠 방식의 지혜

어릴 적 부모님에게 "TV를 보면서 밥을 먹으면 안 된다.", "신문을 보면서 밥을 먹지 마라."라는 말을 귀가 따갑도록 경험한 적이 있을 것이다.

마이크로소프트의 회장 빌 게이츠는 한 번에 여러 가지 일을 동시에 하는 것으로 유명하다. 그는 헬스를 하면서 신문과 텔레비전을 보기도 한다.

가정교육이나 예절에 관해서 이런저런 말을 많이 들었지만, 시간을 유용하게 이용한다는 관점에서 보면 '빌 게이츠 방식'은 시간을 복합적으로 이용하기 위한 지혜라고 할 수 있다.

차를 운전하면서 휴대폰으로 통화하는 것은 위험한 일이고, 전철 안에서 화장을 하는 행동들은 꼴불견이지만, 시간을 복합적이고 능률적으로 이용하는 것은 효과적인 시간술의 기본이라고 할 수 있다.

라디오를 틀어 놓고 일을 하는 편이 능률이 더 좋은 사람도 있고, TV를 켜 놓고 신문을 보거나 천천히 식사를 하는 것이 더없이 행복한 시간이라고 말하는 사람도 있다. 예의나 규칙에 저촉되지 않는 한 '빌 게이츠 방식'은 절대로 나쁜 일이 아닌 현명한 시간 관리의 첫발이다.

예를 들어 '요리를 잘하는 것은 주부지만 맛있는 요리를 만드는 것은 남자다.'는 말을 들어본 적이 있는가? 가족을 위해 매일 식사를 준비하는 것이 일상사인 주부는 냉장고를 잠깐 들여다보고는 그 속에 있는 재료로 능숙하게 요리를 만들어낸다.

냄비에 국을 끓이면서 프라이팬으로 음식을 볶고, 한쪽에서는 생선을 굽는 것은 식은 죽 먹기이다. 그 사이에 야채샐러드를 만들거나 전자레인지에서는 어제 저녁에 남긴 음식을 데운다.

그리고 "밥 다 됐어요!"라고 부를 때에는 이미 식사준비를 끝내고 어느새 부엌칼이나 그릇까지 말끔히 정리한 주부도 있다. 바로 '신기(神技)'에 가까운 시간의 복합이용을 별 어려움 없이 해치우는 것이다.

한편 요즘 휴일에 요리를 즐기는 남성도 늘었다고는 한다. 하지만 아직까지 '남자의 요리'는 취미의 영역을 넘지 못하고 있는 듯하다. 정성을 들여 재료를 고르거나 비싼 재료로 '맛 제일주의'로 만들기 때문에 반나절을 투자해서 맛있게 만든다. 하지만 이것은 어쩌다 만들기 때문에 허용되는 것뿐이지 실용적이라고 할 수 없다.

게다가 원래 요리와 뒷정리는 별개라고 생각하는 남성이 대부분이기 때문에 요리를 한 후에 싱크대에는 식기와 조미료 용기가 뒤섞여 엉망진창인 상태가 많다.

20년 전쯤 베스트셀러에 오른 「현명한 여성은 요리도 잘한다」라는 책이 있다. 이것은 '머리 좋은 여성은 시간 구분을 잘하기 때문에 요리도 잘한다.'라고 달리 말할 수도 있다.

컵라면이 다 익기까지의 3분간, 그저 멍하니 시계만 노려보고 있는 사람에게는 시간의 복합이용이라는 '빌 게이츠 방식'을 권한다.

8

나이를
변명으로 삼고 있지 않는가?

남자 50대는 아직 한창 일을 할 때라고 생각하는 시대이다. 한 편으로는 자녀들이 결혼을 하거나 가정을 거느리고 있으며, 본인 은 슬슬 정년퇴직을 생각할 나이이기도 하다.

은퇴 이후를 생각해서 취미거리를 찾거나 여가시간을 갖든지, 오랜 세월 계속해 온 일을 노후의 자유로운 시간에 충당하려고 생 각하는 사람은 별도지만, 오로지 일 하나에 매달려 취미도 없이 살아온 사람은 막상 은퇴 후에는 무엇을 하면서 지내야 할지 고민 하는 사람도 있다.

50대에 자격증을 따서 노후 연금에 보태려고 생각하지만 실천 으로 옮기지 못하는 사람이 많다. '자격증을 따고 싶지만 이 나이에는 무리다.'라고 미리 '나이'를 핑계로 도망치는 것이다.

일반적으로 나이와 함께 집중력이나 체력, 지속력, 기억력, 기력 등은 쇠퇴해간다. 20대의 저돌적인 자세를 유지하는 사람도 적지 않지만 50대에게는 20대에 없었던 풍부한 지식이나 경험이 자연스레 몸에 배어 있다. 이것은 생각하기에 따라서는 잃어버린 것 이상의 강력한 무기가 된다.

시간은 20세의 젊은이에게나 50세의 장년에게나 똑같이 흘러간다. 물론 20세의 젊은이에 비해 남겨진 시간은 적을지도 모르지만, 20~30년에 걸쳐서 기술을 익히거나 새로운 기술에 도전하려는 것은 아닐 것이다.

다음은 정년을 지척에 둔 남성의 이야기이다. 그는 정년퇴직을 목전에 두고 자신에게 아무런 취미도 없다는 것을 깨닫고 무언가 시작하려고 고민한 끝에 기타교실에 다니기 시작했다. 고등학생 때에 기타를 쳤기 때문에 기타교실을 선택하기까지 그다지 오랜 시간이 걸리지 않았다고 한다.

그리고 "예전에는 어려운 코드가 있으면 금방 포기했지만 나이를 먹으면서 참을성이 생겼는지 지금은 인내심을 갖고 연습을 할 수 있다. 시간이 있고, 다른 사람들도 기타를 치고 있는데 내가 못 할 이유가 없다."고 아이처럼 초롱초롱한 눈으로 말했다.

"꾸준히 노력을 하면 배우지 못할 것은 절대로 없다."고 단언

하는 사람조차 있다. 마찬가지로 "재능이란 무엇인가?"라는 질문을 받으면 "지속하는 것."이라고 대답하는 사람도 있다.

예를 들어 100미터 달리기처럼 한순간에 승부가 나는 경기에서는 선천적으로 가지고 태어난 잠재능력이나 신체능력, 유전자와 같은 요인으로 승부가 결정되고 노력이 보답받을 여지가 적을지도 모른다.

하지만 다른 스포츠, 야구나 축구, 농구 등은 어느 정도 잠재력을 갖고 태어난 체력이나 센스가 승부에 중요한 역할을 한다. 평소에 포기하지 않고 노력을 계속하면 최고의 선수가 되는 것이 절대로 꿈은 아니다.

꿈을 포기하지 않고 계속 노력하면 반드시 최고의 선수가 될수 있다. "지속하는 것이 힘이다."라는 말처럼 '50세나 돼서' 또는 '이 나이에' 라는 나이를 변명으로 삼는 것은 바람직하지 않다. 꾸준하게 노력이 축적된 시간은 절대로 배신하지 않는다. 반드시보답을 받을 것이라고 믿고서 어떤 일이건 도전해야 한다.

9

오늘
할 일이 있는 사람

며칠 전 TV 뉴스를 보고 있자니 한 전문가가 재미있는 말을 했다. 대량퇴직자들을 향해 '오늘 할 일이 있는 사람'이 되자는 말을 한 것이다.

지금까지 사회인으로 분주한 일상을 보낸 전후세대는 정년퇴직하고 제2의 인생을 시작함에 있어서 처음에는 사회나 어느 누구에게도 구속받지 않고 '24시간 전부 자신의 시간'이라는 상황에 해방감을 느낀다. 하지만 곧 남아도는 시간을 주체하지 못하다가 결국에는 가족에게 골칫거리 취급을 받게 되고 어느 순간부터 기력과 정력을 잃고는 종일 TV 앞에서 멍하니 있게 된다.

그렇게 되지 않기 위해서는 매일 목적과 목표를 가지고 어떤 행동을 실천에 옮기는, 용건이 있는 하루하루를 보내도록 유념하라는 의미의 '오늘 할 일이 있는 사람' 이라는 말이다.

40여 년 넘게 사회의 최전선에서 일벌레로 24시간을 사회에 헌신해 온 전후세대가 느끼는 은퇴 후의 해방감은 상당한 것임에 틀림없다. 반대로 말하면 하루의 대부분의 시간을 헌신해 왔던 사회를 떠나는 상실감도 더욱 클 것이다.

사회를 떠나고 보니 외출할 용건이나 이야기를 할 상대도 없어서 종일 집에서 빈둥거리는 그들의 생활은 앞으로 20년이 넘게 남은 인생이 무미건조할 뿐이다. 지금까지 팽개쳤던 아내에게 산책이나 여행, 박물관이나 미술관 구경을 가자고 말해도 아내는 이미 친구나 동네의 지인들과 쌓아온 세계가 있어서 "약속이 있다." 라며 상대를 해주지 않는다.

이래서는 무엇을 위해 혼신을 다해 일을 해온 것인지 자신도 알 수 없게 되고 결국에는 병에 걸리는 사람까지 있다.

수년 전부터 전후세대의 은퇴를 대상으로 한 '남자의 요리 강좌', '중년세대의 자격 강좌', '60부터 시작하는 피아노 강좌' 등과 같은 교양강좌나 자격강좌가 성행하고 있다. 어느 강좌도 꽤 인기를 얻고 있다는 뉴스를 본 적이 있다.

아무리 작은 일이나 어떤 도전도 좋으니 상실감을 메울 수 있는 '오늘 할 일'을 발견하고, 삶의 목표가 될 만한 평생의 취미나

학습을 가져야 한다. 인생은 80년이 넘는 시간이다. 남겨진 시간은 아직도 충분하다. 진정한 의미의 삶의 보람을 발견하는 마지막 기회라고 생각하고 무슨 일이든 의욕적으로 임하는 자세를 가지고 재출발하기를 바란다.

2장

시간 관리는
자기관리이다

왜 일을 잘하는 사람일수록
잘 노는 것인가?

　회사에서 사무 일을 보는 시간도 적고 퇴근 후에는 매일같이 술을 마시고 놀기만 하는 것처럼 보이는 사람 중에 높은 실적을 올리는 사람이 있다. 이것은 어느 정도 사회인으로 연수와 경험을 쌓은 사람, 즉 차장이나 과장급의 사람밖에 할 수 없을지도 모른다.

　옆에서 보면 '어떻게?' 라고 의아해 하면서도 부러워한다. 그 이유는 몇 가지가 있다.

　첫 번째는 경험을 쌓은 결과 업무의 노하우를 알고 있기 때문이다. 얼마나 효율적으로 시간을 사용하고 단시간에 정해진 업무를 달성할 수 있는 비결을 잘 알고 있는 것이다.

두 번째는 앞에서 설명한 것처럼 시간에 융통성을 가지고 일을 하고 있음에 틀림없다. 긴장과 이완의 조화를 현명하게 나누어 사용하는 것이다. 이런 사람은 일과 휴식의 전환을 훌륭하게 해낸다.

또 차장이나 과장이라는 지위에는 몇 명의 부하직원을 두게 된다. 각각의 부하직원들에게 맞는 업무를 분담하고 자신은 중요한 포인트가 되는 부분만을 점검하는 업무의 흐름을 만들고 있는 것이다.

이것은 대단히 효율적인 업무 방식으로 직원들이 원활히 움직여 준다면 직원의 수만큼 시간을 단축할 수 있다.

예를 들어 혼자 떠안고 있으면 꼬박 하루가 걸릴 일을 세 명의 부하직원이 분담을 하면 자신을 포함해서 4분의 1시간만 투자해서 끝낼 수 있다.

그 대신 직원의 능력을 파악하고 확실하게 점검하지 않으면 예상이 빗나갈 수 있다. 예상이 빗나가면 '내가 하는 편이 좋았다.'라고 후회할 가능성도 있으니 사람을 보는 눈도 중요하다.

개중에는 자기 마음대로 부하직원에게 일을 내맡긴 채 제대로 설명도 없이 "내일까지 해두게!"라는 식으로 지시하는 유형도 있다. 이래서는 부하직원은 따라오기는커녕 반감을 살 뿐이다.

즉 사람을 잘 활용하는 사람일수록 시간을 효율적으로 관리한다. 하지만 명망이나 경험이 없는 사람이 이 방법을 사용하면 잘 되지 않는다.

사내에서도 '일을 잘하는 사람'으로 인정받고 있는 사람들은 모두 대인관계가 좋고 다른 사람의 마음을 휘어잡는 방법도 잘 알고 있다. 부하직원들에게 일을 맡기고 자신은 외출해 버린 다음 날에는 반드시 직원들에게 말을 걸면서 "오늘 한잔 하러 갈까?"라고 직원들의 노고를 위로하는 일도 잊지 않을 것이다.

이런 배려나 신경을 쓰지 않고 일방적으로 일을 떠맡기는 상사는 언젠가 경원시 받을 뿐 아니라 직원들에게서 경시받게 되니 특히 주의해야 한다. 특히 여성직원에게 반감을 사는 일이 없도록 배려하는 일도 중요하다.

이렇게 인망과 신뢰를 얻음으로써 자신의 시간에 부하직원들까지 아우르는 궁극적인 시간술을 손에 넣을 수가 있는 것이다.

출퇴근시간은
짧은 편이 좋은가?

출퇴근이나 등하교에 전철이나 버스를 이용하는 사람이 많을 것이다. 아침저녁의 출퇴근 전철 안의 풍경도 조금씩 바뀌어가고 있는 듯하다. 예전에는 책이나 잡지를 읽거나 신문을 보는 사람이 압도적으로 많았지만 요즘은 휴대폰으로 메일을 보내거나 게임에 열중하는 사람들이 더 많이 눈에 띈다.

개중에는 코를 골며 자는 사람이나 화장을 하고 있는 여성, 노트북을 무릎에 펼치고 자판을 두드리고 있는 사람들도 볼 수 있다. 그저 멍하니 아무것도 하지 않고 있는 사람은 거의 없다.

보통 직장인들의 평균 출퇴근시간은 편도 1시간 정도이다. 누구나 왕복 2시간 정도의 출퇴근시간을 자신을 위해 투자하고 있는 것이다. 이 출퇴근시간이 짧으면 짧을수록 좋은 것인가?

분명히 출퇴근시간이 길면 길수록 아침에 일찍 일어나야 하고 귀가시간도 제약을 받기 때문에 가능하면 출퇴근시간은 짧은 편이 좋다고 생각하는 사람이 많을 것이다. 시간의 효과적인 이용이라는 관점에서 말하면 출퇴근시간은 사용 방법에 따라 상당히 효과적인 시간이 되기도 한다.

예를 들어 출퇴근시간이 편도 15분인 사람의 기상시간은 출근시간 1시간 전쯤일 것이다. 상당히 편한 편이다. 하지만 일어나서 회사에 도착하기까지 1시간밖에 없으면 아침 생활습관(아침식사, 세수, 양치질, 옷 입기) 외에 다른 일은 할 수가 없다.

아침 일찍 회의에서 제출해야 하는 보고서를 정리하거나 회의를 준비할 시간은 전혀 없다. 전날 모든 것을 끝내 놓으면 문제가 없지만 마무리를 못 하거나 잊어버린 경우에는 보충할 시간이 전혀 없다.

게다가 사람에 따라서 차이가 있지만 사람이 눈을 뜨고서 활동을 하기 위한 준비를 하기까지에는 어느 정도 시간이 필요하다. 기상 후 1시간 안에 아직 잠이 완전히 깨지 않은 사람도 있지 않을까?

한편 출근시간이 1시간 정도인 사람은 이동시간을 사용해서 보고서를 정리하거나 회의 내용을 준비할 수 있다. 아무리 아침잠이 많은 사람이라도 만원전철에 시달리며 전철이나 버스를 갈아 타다면 회사에 도착할 때쯤에는 완전히 활동을 하기 위한 준비가 끝날 것이다. 책상에 앉으면 의욕을 가지고 업무를 시작할 수 있다. 오전 중의 시간을 온전히 집중해서 효율적으로 사용할 수 있는 것은 어느 정도 출근시간이 길기 때문이다.

출퇴근시간이 편도 1시간인 사람과 비교해서 하루에 2시간 정도를 자신의 시간으로 활용할 수 있다는 것은 분명히 유리한 점이다. 다만 인간은 태만한 동물이기 때문에 타성에 젖어 시간을 유용하게 활용하는 것을 잊어버리면 오히려 역효과를 초래할 수 있다.

귀중한 강점과 장점이 자신도 모르는 사이에 사라져버린다. 그렇게 되지 않기 위해서는 항상 시간에 대한 의식을 민감하게 유지할 필요가 있다.

시간엄수의
진정한 의미

시간엄수는 샐러리맨의 기본이다. 거래처와의 약속에 늦는 것은 허용되지 않을 뿐만 아니라 회사 회의나 미팅에 지각하기라도 하면 그것만으로 그 사람에 대한 평가는 떨어진다.

늦는 것은 논외이지만 약속시간이 다 돼서 숨을 헐떡이며 달려오는 것도 그다지 좋은 인상을 주지 않는다. 최소한 약속시간 5분 전에는 도착해서 기다리는 여유를 가지고 스케줄을 짜는 것이 이상적이다.

그럼 시간엄수가 왜 그렇게 중요할까?

첫 번째는 약속이라는 상대의 시간과 자신의 시간이 교차하기 때문이다.

예를 들어 약속한 1시간이나 2시간은 당신 자신의 시간임과 동시에 상대의 시간이기도 한 것이다.

어쩌면 스케줄이 꽉 차 있는 상대가 당신을 위해 힘들게 만들어낸 귀중한 시간일지도 모른다. 그렇지 않더라도 상대는 당신과의 약속시간을 기정사실로 스케줄을 세우고 그것을 기초로 해서 예정을 세웠음에 틀림없다. 그런 시간에 늦는다는 것은 상대의 예정을 어긋나게 하는 것이다.

'5분 정도는 늦어도 상관없을 거야!' 라고 말하는 것은 어디까지나 자신만의 생각이고 상대에게는 그 5분이라는 시간이 당신의 1시간 정도의 가치가 있을지도 모르는 일이다.

아르바이트 할 때를 생각하면 쉽게 이해할 수 있다. 당신의 월급을 시급으로 환산한 금액과 상대의 금액에 2~3배 차이가 있으면 단순계산으로 1분의 가치가 2~3배나 달라진다. 단지 이것은 설명을 쉽게 하기 위한 예이지만 실제로 돈으로 환산할 수 없는 여러 가지 요소나 상황이 있다.

다음으로 거래처 사람과 업무상 약속을 했다고 하면 사태는 더 심각해진다. "미안하다, 늦었다."라고 말하며 약속시간에 늦게 당신이 달려왔다면 상대는 '뭐야, 늦다니.' 라고 기분이 상한 것으로 끝나지 않는다. '시간도 하나 제대로 관리하지 못하는 상대와 거래를 할 수 없다.' 라고 생각해도 어쩔 수가 없다. '저런 직원을 우

리 회사를 담당하게 하다니 거래를 다시 한 번 생각해 봐야겠다.'
라고 생각할 가능성조차 있다.

이상과 같은 이유에서 '시간엄수는 사회인의 기본'이라고 하
는 것이다. 한마디 덧붙이면 협상의 자리에 늦었다면 그것으로 그
날의 협상은 실패라고 생각해야 한다.

불과 2~3분 지각했을 뿐이지만 당신은 도착하자마자 "미안하
다."라는 말부터 꺼내지 않으면 안 된다. 이것은 협상도 상대의 페
이스로 진행된다는 것을 의미한다.

그렇지만 지각하지 않기 위해 20~30분 전에 먼저 도착하는
것도 잘못된 것이다. 상대의 예정을 어긋나게 한다는 의미에서 늦
는 것과 다를 바가 없기 때문이다.

일의 소요시간을
예상하지 못하는 사람

비즈니스 현장에서는 "그 일 몇 분 만에 끝나?", "벌써 30분이나 지났어!", "언제까지 할 거야. 약속시간은 벌써 지났는데."라는 말이 일상다반사로 오간다.

신입사원 A씨는 그때마다 "20분 안에 끝납니다.", "5분만 기다려주십시오.", "얼마 안 남았습니다."라고 대답은 하지만 생각한 대로 일이 끝나지 않는다. 왜 이런 상황에 빠지는 것인가를 생각해 보면 다음의 3가지 중 하나이다,

1. A가 자신의 능력을 과신하고 있다.
2. 희망적인 예측으로 대답하고 있다.

59

3. 시간을 읽는 능력이 없다.

어느 쪽이든 상대(이 경우에는 상사)에게는 '일을 못 하는 사람'
이라는 인상을 주게 되고, 잘못하면 낙인이 찍히는 경우도 있다.

1이나 3의 경우는 경험을 쌓고 업무에 익숙해지면 점차로 오
차는 줄어들지만 2의 경우는 자신도 모르는 사이에 희망적인 예
측으로 대답을 하게 되는 것이 사람의 마음이다. 라고 할 수 있다.

예를 들어 약속시간에 늦을 것 같은 때 당황해서 상대에게 연
락했다고 한다.

"미안합니다. 10분 정도 늦어질 것 같습니다. 최대한 빨리 가
도록 하겠습니다."라고 전하고 전화를 끊은 후 '아차!' 하고 후회
한 경험이 있을 것이다. '10분'은 전철을 기다리는 시간이나 환
승시간 등 모든 것이 순조롭게 진행됐을 때의 최소한의 소요시간
이지, 환승시간이 맞지 않으면 시간은 배로 걸린다는 것을 깨닫
고 '아, 20분이라고 말했어야 했는데.' 라고 때늦은 후회를 한 경
우이다.

지각한다는 미안함에 최단시간을 말해 버렸지만, 잘못하면 이
것은 지각을 두 번 하는 것이 된다. 따라서 조금 여유시간을 고려
해서 예상시간을 상대에게 말하는 것이 좋다.

그 이유는 "10분 늦는다."라는 전화를 받은 상대는 '10분 정도

라면 별 문제가 되지 않는데, 그보다 미리 연락한 게 대단하다.' 라고 생각할지도 모른다. 그런데 그 10분이 지나도 상대가 나타나지 않고 20분이 지나서야 뛰어온다면 상대의 마음은 180도 달라져 버릴 것이다.

"원래 지각하는 것 자체가 실례인데 도착시간을 엉터리로 말하다니 어처구니없다!"라고 화도 두 배로 커지게 된다. 거래처 상대라면 그것으로 거래가 끊겨도 어쩔 수가 없다.

만약 전화로 늦는 이유를 전할 때 "죄송합니다. 20분 정도 늦어질 것 같습니다……."라고 말하면 어떤가? 상대도 '뭐야, 20분이나 늦는다니.' 라고 화를 낼지도 모르지만, 결과적으로 15분 정도 늦게 도착했다면 상대는 '어, 생각보다 빨리 왔군.' 이라고 생각할 가능성도 있다.

뒤에서 언급하겠지만 누구나 '기다리는 시간' 을 싫어한다. 20분 기다려야 한다고 생각하고 있는데 15분 만에 도착했다면 상대는 '빨리 왔다' 라는 인상을 갖게 된다. 이 경우에는 거래나 교섭도 원활히 진행될 소지가 높다.

지각할 것 같으면 늦어지는 시간에 약간의 여유시간을 더해서 전하는 기술을 꼭 기억해 두어야 한다.

지금은 휴대폰이 널리 보급된 덕분으로 교통사고, 뜻하지 않는 사고와 같은 긴급사태에 직면하더라도 그 장소에서 바로 통화를 할 수 있다. 요즘 자주 발생하는 전철의 인사사고로 전철이 멈춰섰을 때 차 안이나 역에 있는 사람들이 일제히 휴대전화를 꺼내서 사고 상황을 전하며 "~분 정도 늦을 것 같다."라고 연락한다.

이런 긴급사태라면 철도 측도 "차내에서 통화는 삼가해 주십시오."라고는 하지 못할 것이다. 통화 대신 문자메시지로 늦는 이유를 보내왔다는 이야기를 들은 적도 있다. 메시지를 받은 사람은 메시지가 온 것을 모르고 아무런 연락도 없이 5~10분이 지나도 상대방이 나타나지 않자 화를 내며 전화를 걸려고 휴대폰을 꺼내자, '늦는다.' 라는 취지의 메시지가 도착한 것을 알게 되었다고 한다.

메시지와 통화의 결정적인 차이는 일방통행인가 쌍방향 통행인가이다. 긴급사태인 경우에는 임기응변으로 쌍방향통행을 우선하는 것이 상식이다.

5

억지로 보내는 시간과
즐겁게 보내는 시간

시간은 언제 어디서나 누구에게나 똑같이 흘러가고 있는데 때에 따라서 짧게 느껴지거나, 길게 느껴지니 신기하다. 또 그 느끼는 방법은 시간에 여유가 없을 때나 어떤 일에 집중하고 있을 때일수록 짧게 느껴지고, 빨리 지나가기를 바랄수록 천천히 흐른다. 이 불가사의함을 조금이라도 해소하기 위해 시간 관리가 중요한 것이다.

그럼 '억지로 보내는 시간'이란 어떤 때일까? 사람은 자신의 생각대로 되지 않는 시간을 강요당했을 때에 '싫다'라고 느끼기 때문에 '기다리는' 시간은 '억지로 보내는 시간'의 전형이라고 할 수 있다.

병원에 외래검진을 가면 한두 시간 기다려서 간신히 진료를 받지만 5분 만에 끝나버리는 일이 태반이다. 병원 측도 예약을 받는 등 기다리는 시간을 줄이는 노력을 하지만 그럼에도 병원에서 기다리는 일은 흔한 일이다. 은행이나 우체국에서 기다리는 것도 당연한 일이다.

이것들은 직접 가보지 않으면 어느 정도 기다려야 할지 모른다는 것에 공통점이 있다. 10분인지 30분인지 예상을 할 수 없어서 초조함만 커진다.

언제 자신의 차례가 올지 모르기 때문에 자리를 비우지도 못하고 시계를 보면서 그저 기다릴 수밖에 없으니 괴롭다.

이럴 때일수록 시간을 효율적으로 보낼 아이템을 가지고 있으면 좋다. 젊은 사람이라면 모바일 게임을 하는 것도 나쁘지 않다. 하지만 그다지 생산적이라고 할 수 없다. 중년이라면 퍼즐 잡지 등으로 두뇌 훈련을 하는 것도 좋지만 집중하기에는 어려움이 따른다.

사람은 각양각색이어서 '이것이 좋다.' 라고 단언할 수 없다. 그러나 '유비무환' 이라는 말처럼 항상 그런 상황이 닥쳐도 시간을 잘 보낼 수 있도록 평소에 준비를 해두는 것이 바람직하다.

열중할 수 있는 취미가 있는 사람은 취미에 관한 책, 자격증을 따려고 공부하고 있다면 텍스트나 입문서 등일 것이다. 물론 책이나 텍스트에 국한하지 않고 자신이 새롭게 도전하려고 하는 것이라면 무엇이든 좋다. 그것을 항상 가지고 다니는 것도 좋다.

싫은 시간을 그저 흘려보내기 위한 시간 때우기 방법은 많지만, 그 싫은 시간을 즐거운 시간, 유익한 시간으로 바꿀 수 있는 방법으로 어떤 것이 있는지 생각하고 가방 속에 넣고 다녀야 한다.

그렇게 하면 초조하고 지루하던 시간을 즐겁고 유익한 시간으로 바꿀 수 있을 것이다.

6

교통정체에 빠지면
어떻게 하는가?

운전을 할 때 교통정체를 만나 이러지도 저러지도 못하게 됐다면 당신은 어떻게 하는가?

요즘은 하이테크 기능을 탑재한 내비게이션의 보급으로 어느 정도는 정체로부터 빠져나올 수 있지만 아직도 주말의 극심한 교통정체에서 벗어날 길은 없다. 이럴 때 그저 막연히 초조하게 정체 지역을 벗어날 때까지 기다리는 사람과 어떻게든 샛길을 찾아내서 막히는 지역을 벗어나려는 사람이 있다.

간단히 말하면 조급한 유형, 아니면 진득한 유형이라고 할 수 있다. 이때에도 시간에 대한 사람들의 다양한 생각이 나타난다. 정체가 해소될 때까지 진득하게 기다리는 편이 결국에는 목적지까지 도착할 수 있다고 생각하는 사람은 초조해 하는 시간을 동승자와 대화를 나누거나 음악을 들으며 즐기면서 보낸다.

한편 막연히 기다리는 것에 만족하지 않고 정체로부터 빠져나와 처음 보는 길에서 목적지를 향하는 사람은 왕성한 모험심으로 1분이라도 시간을 헛되이 보내는 것을 참지 못하는, 잘되면 마냥 기다리는 것보다 빨리 목적지에 도착할 수 있다는 것에서 우월감이나 성취감을 맛보려고 한다.

신중파와 모험파라고 할 수 있다. 어느 쪽이든 근본에는 시간에 몸을 맡기는 생각과 시간을 자신이 지배하려고 생각하는 점에 차이가 있다. 무엇이 좋고 나쁜지는 사람의 생각에 따라 다르지만 교통정체라는 상황을 일상생활로 바꾸어 보면 효율적으로 시간을 이용하려고 하는 것은 모험심 편일 것이다(69쪽 참조).

내비게이션의 보급과 더불어 요즘에는 고속도로 출입구에 하이패스를 이용하는 사람도 늘어나서 고속도로 출입구의 정체가 완화되었고, 그와 더불어 운전자들의 모습도 많이 바뀌었다.

나(필자)와 골프를 치는 친구의 이야기이다. 그의 차를 타고 골프장에서 돌아오는 길에 고속도로 출구 근처에서, 그는 특이하게 주행했다.

원래 그는 조급한 유형의 모험파이지만 고속도로 출구의 정체가 시작되려는 기미가 보이자 틈만 나면 방향지시등을 켜면서 차선을 계속해서 변경했다. "출구도 가까운데 왜?"라고 묻자, 그는 "잘못해서 막히는 차선에 들어가서 기다리는 것이 싫어서."라고 대답했다. 시간상으로는 몇 분의 차이밖에 나지 않지만 그는 그 시간을 참을 수 없었던 것이다.

조금이라도 가능성이 있으면 쓸데없는 시간을 절약하려고 행동에 옮기는 것이 시간 활용술의 기본이기 때문에, 결과는 별개로 하더라도 모험하는 자세는 시간의 관점에서 보면 유익하다고 할 수 있을지도 모른다.

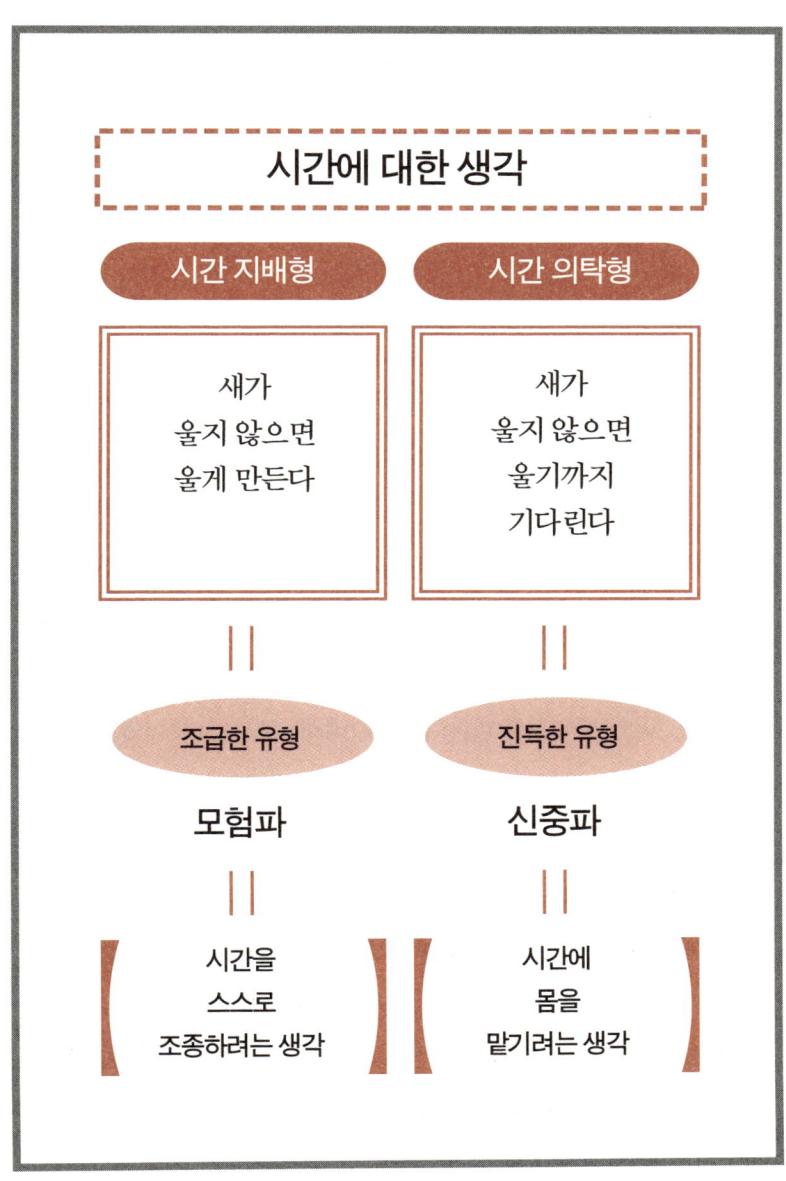

시간에 대한 생각

시간 지배형

새가
울지 않으면
울게 만든다

조급한 유형

모험파

시간을
스스로
조종하려는 생각

시간 의탁형

새가
울지 않으면
울기까지
기다린다

진득한 유형

신중파

시간에
몸을
맡기려는 생각

양과
질의 시간

근래에는 일정의 조건을 충족한 노동자에 대해서 노동시간이라는 개념을 없애고, 일의 성과에 따라 임금을 지급하는 제도가 도입되고 있는 회사들을 많이 볼 수 있다.

이는 시간의 양과 질을 다시 생각하게 하는 제도라고 할 수 있다.

예를 들어 아르바이트나 시급제라는 급여체계는 어디까지나 노동시간에 대해 지급되는 보수를 의미하는 것이다. 그런데 일반 사무직이나 기능직 이외에 다른 종류의 업무나 전문업종에 대해서 시간의 길이로는 전혀 측정할 수 없는 내용의 일이 분명히 있다. 그 전형이 신문의 모집 공고란에서 볼 수 있는 '크리에이티브

(creative, 창조적인)' 라고 하는 업종이다.

즉 시간의 양 이상으로 시간의 질이 중요시되는 업종이다. 극단적으로 말하면 능력 있는 사람일수록 단시간에 목표를 달성하고 능력이 없는 사람일수록 시간이 걸리는 업무이다.

이처럼 업무에 시급제를 도입한다면 어떻게 될까? 능력이 없는 사람일수록 많은 보수를 받고 능력이 뛰어난 사람일수록 적은 보수를 받는다는 납득할 수 없는 현상이 생기게 된다.

'노동시간 규제 적용 면제제도'를 예를 들지 않고도 우리들 주위에는 시간의 양과 질을 생각하게 하는 일이 많이 있다.

학창시절의 시험공부에서도 많은 시간을 투자했다고 해서 좋은 성적을 거둘 수 있는 것이 아니라 단시간이라도 효율적으로 집중해서 공부한 편이 좋은 결과를 얻을 수 있다는 것은 당신도 여러 번 경험했을 것이다.

또 골프를 치기 시작하면서 연습장에서 열심히 골프 연습을 하는데도 같은 시기에 시작한 사람들에게 뒤처지는 경험을 한 사람도 있을 것이다.

골프의 경우는 소질 문제도 있겠지만, 그저 무턱대고 연습만 해서는 실력이 늘지 않는다. 생각을 하면서 집중해서 연습하거나, 프로 선수에게 조언을 받는 등 효율적으로 시간을 보내는 편이 실력을 향상시킬 수 있는 지름길이다.

일이나 휴식에 관련한 시간을 효과적으로 이용하려고 할 때에는 항상 시간의 질이나 밀도를 계산할 필요가 있다.

그저 막연하게 1시간 책상 앞에 앉아 있는 것과 그 1시간 안에 얼마나 성과를 올릴 수 있을 것인지가 가장 중요하다는 것을 잊어서는 안 된다.

질이 높은 시간을 반복해서 보내는 것이 당신에 대한 평가와 능력이 상승하기 때문이다.

3장

효율이 나쁘면
머리도 나쁘다

결론을 내리지 못해서
고민하고 있지 않는가?

예전부터 회사에서 가장 낭비가 많은 시간은 회의시간이다. "쓸데없는 회의에 시간을 뺏겼다.", "불필요한 회의 때문에 시간을 뺏겼다."라는 말을 종종 듣는다.

그럼 어째서 '회의=불필요한 시간'이라는 등식이 성립하는 것인가? 먼저 대부분의 회의가 시종일관 의논의 장으로 끝나고 결론까지 내리는 경우가 적기 때문이다. "여러 가지 좋은 의견이 많이 나와서 값진 회의였다."라고 해도 결론이 유보되고 미루어지면 회의를 위한 회의밖에 되지 않는다.

최악의 경우는 한두 시간 동안 토론했는데 의제가 다시 원점으로 돌아가는 회의이다. "다음 주 회의도 같은 의제로 하겠다."라는 말을 들으면 한숨만 나올 뿐이다. 즉 착지점이랄까, 목적을 설정하지 않은 채 지루하게 의논만 했다는 증거이다.

100미터를 달리든 마라톤을 달리든 결승점이 있기 때문에 긴장감과 집중력이 높아진다. 그저 달리기만 하면 페이스 조절조차 할 수 없다.

우리나라 회의의 나쁜 점은 "회의의 시작시간은 정해도 끝나는 시간을 애매하게 진행하는 점에 있다."라는 말을 자주 듣는다. 분명히 거래처 담당자에게 전화를 했는데 여직원이 "지금 회의 중인데 언제 끝날지는 확실치 않습니다만……." 하는 말을 들은 적이 적지 않을 것이다. '어디든 똑같다.' 라고 자조적으로 생각도 하지만 냉정하게 생각해 보면 언제 끝날지 모르는 회의에서 좋은 결론을 도출할 수 있다고는 도저히 생각할 수 없다.

의미 있는 회의를 바란다면 회의 종료시간을 명확하게 하는 것에서 시작해야 한다.

이것은 개인 차원에서 보면 '무의미한 회의' 와 마찬가지로 '무의미한 시간' 을 보내고 있는 경우에도 적용된다. 고민해도 결론이 나오지 않는 것을 머리를 싸매고 고민한다. 또 지나가버린 일을 자꾸 돌아보고 후회하는 것도 비생산적이다. 1분이라도 빨리 생각을 바꾸고 다음 일에 착수해야만 한다. "어중간한 고민은 휴식만 못하다."라는 말이 있다. 고민해서 해답을 얻을 수 있다면 더 많이 고민해야겠지만 그렇지 않다면 기분전환에 시간을 투자하는 것이 더 유익한 시간 사용이 아닌가?

또 하나는 결론이 유보돼서 우울한 심리상태로 있는 경우가 있다. 대체로 마음이 내키지 않는 일, 마음이 동하지 않는 일은 결론을 유보하지만 이 또한 결론이 나오지 않는 일로 고민하는 것과 마찬가지로 시간 낭비의 전형이라고 할 수 있다. 아무리 마음이 내키지 않아도 언젠가는 결단을 내려야 한다면, 소극적인 기분을 버리고 조금이라도 빨리 결론을 내려야 한다. 결론을 내리고 보면 의외로 손쉽게 해결되는 경우도 있기 때문이다.

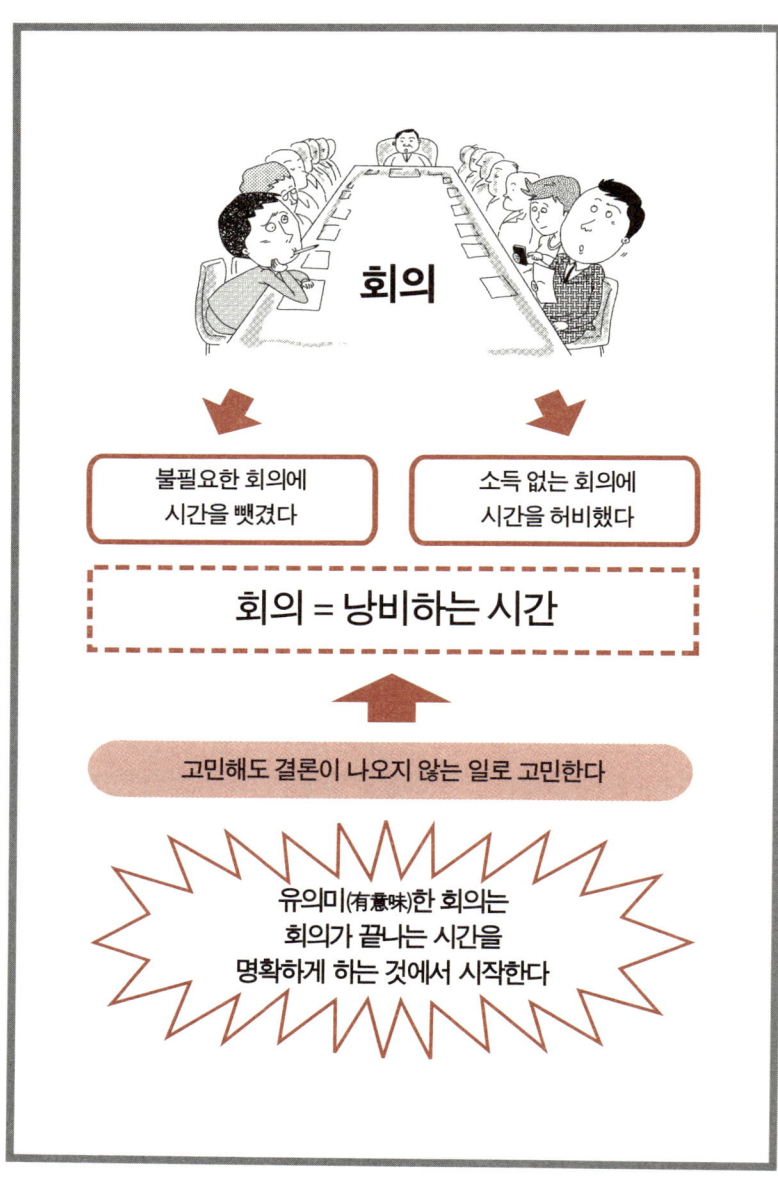

회의

불필요한 회의에
시간을 뺏겼다

소득 없는 회의에
시간을 허비했다

회의 = 낭비하는 시간

고민해도 결론이 나오지 않는 일로 고민한다

유의미(有意味)한 회의는
회의가 끝나는 시간을
명확하게 하는 것에서 시작한다

2

우유부단의
장점과 단점

만사에 바로 결단을 내리지 못하는 사람을 '우유부단한 사람'이라고 한다. 우리나라 사람들은 그 사람의 천성, 성격이라고 해서 너그러운 시선으로 바라보고 '우유부단'의 장단점에 대해 그다지 말하지 않는다. 그런데 많은 사람들의 말을 들으면 이런 유형의 사람 때문에 피해를 입었다는 사람이 꽤 많다.

경마를 좋아하는 사람에게서 들은 이야기이다. 마권 구입시간이 다 돼서 창구에 줄을 섰는데 앞줄의 사람이 시간을 끄는 바람에 마감시간에 걸려 높은 배당금을 놓쳐버렸다고 한다.

또 어떤 사람은 기차역 상점에서 도시락을 사려고 했는데 앞의 사람이 "이걸로 할까. 아니야, 역시 이게 좋겠다. 아! 잠깐 그건 취소하고 다른 걸로⋯⋯." 하고 망설이는 사이에 기차 출발 신호가 울려서 사지 못했던 경험을 씁쓸하게 이야기해 주었다.

이런 얘기를 들으면 우유부단한 사람의 장단점은 그저 웃어넘길 수만은 없다. 시간에 관해서는 더욱 그렇다.

만사에 바로 결정이나 결단을 내리지 못하는 것은 친구나 이성간에서는 '믿음이 가지 않는 사람이다.' 라는 차원에서 끝나지만, 비즈니스에서는 그렇지 않다. 거래처가 조건을 제시했는데 즉석에서 답변을 하지 않으면 어렵사리 얻은 일이 다른 회사로 넘어가 버리는 일도 있다.

회사 내에서도 확실한 태도를 보이지 않으면 다른 사람에게 중요한 일들을 빼앗긴다. 좋게 말하면 신중파지만 치열한 경쟁사회인 비즈니스 현장에서는 너무 신중한 것도 마이너스 평가를 받을 수 있다. 성격이기 때문에 금방 바꿀 수는 없지만 이런 유형의 사람은 항상 여러 가지 상황을 상정해서 그때에 자신은 어떻게 대답해야 할 것인지, 어떻게 행동해야 하는지 모의훈련을 하는 것이 바람직하다.

이동시간이나 휴식시간 등의 사색하는 시간을 이용해서 평소부터 현재 진행 중인 일이나 그날의 회의 의제를 반추하는 것도 좋다. 즉 어떤 상황에 직면했을 때 '나는 어떻게 할 것인가.' 하고 생각하는 습관을 갖는 것이다.

바로 공부에서 말하는 예습이라고 할 수 있다. "어느 쪽인지 확실히 하라!"고 재촉받았을 때, 당황해서 한 말이 자신의 목을 조르는 경우가 있기 때문에 초지일관으로 행동하는 것이 중요하다.

우유부단한 유형은 사람이나 만사에 결점을 분명하게 지적하는 것을 거북해 하기 때문에 만사에 좋고 싫음을 정해 두는 것도 좋다. '개와 고양이 중 어느 쪽을 더 좋아하는지.', '예쁜 여자가 좋은지 귀여운 여자가 좋은지.', '축구가 좋은지 야구가 좋은지.' 등등 무엇이든 좋다. 질문을 받고 고민하지 않고 바로 대답할 수 있는 습관을 몸에 익히는 것이다.

우유부단은 다른 사람에게 피해나 이익을 주는 것보다 자신에게 되돌아오는 손실이 더 크다는 것을 기억해야 한다.

3

시간은
만병통치약이다

　예를 들어 젊었을 때 실연을 당해서 다시 일어설 수 없을 만큼 마음에 큰 상처를 입었을 때, 그 상처를 치유해 주는 것은 무엇인가? 친구의 따뜻한 격려, 라디오에서 흘러나오는 음악, 한 권의 책, 새로운 사랑 등 사람에 따라 각양각색이겠지만 실연을 당한 초기에는 어떤 위로나, 아무리 좋은 음악이라도 마음에 생긴 큰 구멍을 메울 수는 없을 것이다.

　그런데 어느 순간 완전히 치유되는 것은 '시간의 흐름' 때문이다.

　"마음의 병에는 약이 없다."라는 말처럼 실연의 상처에 바르는 약은 없다. 마찬가지로 더 심각한 예를 들어 부모님이 돌아가셨을

82

때에도 결국에는 시간의 흐름이 슬픔을 가셔준다.

슬픈 일, 괴로운 일뿐만 아니라 화나 분노와 같은 감정도 시간이 잊게 해준다. 시간이 당신에게 무언가를 해준 것은 아니지만 항상 당신의 곁에서 함께 하는 것만으로도 어느 순간 당신을 완전히 일으켜 세워준다. 시간은 바로 인생의 특효약인 것이다.

흔히 '사람은 자신에게 불리한 일은 금방 잊어버리지만, 유리한 일은 언제까지나 기억한다.'고 한다. 이것을 가리켜 인간이 살아가는 지혜라거나 자정작용(自淨作用)이라고도 하며, 방어본능이라고도 할 수 있다. 왜냐하면 자신에게 불리한 일이나 기억을 언제까지나 머릿속이나 가슴 한구석에 남겨두면 그것만으로 자기혐오에 빠져서 살아가는 기력을 잃어버릴 수도 있기 때문이다.

특히 시간은 희로애락이라는 감정의 실타래를 풀어주는 특효약이라는 것을 알고 있으면 일상생활에서도 크게 도움이 된다는 것을 기억해야 한다.

현장에서 업무상 일로 동료와 의견이 대립해서 일촉즉발의 상태가 되었을 때, 또는 연인이나 아내와 말다툼을 했을 때, 되돌릴 수 없는 상황이 되기 전에 머리를 식힐 시간을 가져야 한다.

서로 감정적일 때는 아무리 냉정하게 이야기하려고 해도 어긋날 뿐이다. 설사 상대가 "도망치는 거야!" 하고 비방해도 "내일 다시 한 번 이야기하자."라거나 "하룻밤 더 생각해 보자."라고 말하고 일단 시간을 둘 것을 제안하는 것이다.

다음 날 서로 냉정함을 되찾고 얼굴을 마주했을 때 전날처럼 감정적으로 상대를 대하지는 않을 것이다. 또 서로가 자신의 잘못을 인정하는 것에서 대화가 시작될 수도 있다.

세상에는 시간이라는 인생의 특효약이 필요 없을 정도로 다시 일어서는 것이 빠른 사람도 있는 것 같다. 소위 '침도 마르지 않은 사이' 라는 유형의 사람이다. 이 말을 들으면 떠오르는 일이 있다.

젊어서 아내를 병으로 잃은 사람이 기자회견 자리에서 눈물을 흘리면서 "다시 태어나도 아내와 결혼하겠다." 라고 말했음에도 몇 년 후 언제 그랬냐는 듯이 재혼한 것을 알게 되었다. 정말 '침도 마르지 않은 사이' 라는 유형의 사람이다.

4

'바쁘다'고 말하는 것은
무능한 증거이다

입버릇인지, 인사말이라고 생각하는지, 직장에서 '바쁘다.' 라는 말을 입에 달고 사는 사람이 있을 것이다. 어쩌다 만나도 첫마디가 "바쁘다, 바빠."로 시작한다. '도대체 뭐가 그렇게 바쁠까?' 하고 듣고 있는 사람이 고개를 갸웃거리게 만드는 유형이다.

이 '바쁜 유형'은 사회인이 된 지 2~3년 된 젊은 사람 중에 많다. 개중에는 40대 정도의 중년층에서도 볼 수 있다.

예전에 어떤 사람이 "바쁘다는 뜻의 한자는 마음이 없다는 뜻으로 너무 사람들 앞에서 바쁘다고 말하지 않는 편이 좋다."라고 말한 적이 있다. 너무 바쁘면 마음에 여유가 없어져서 자신을 잃어버리기 마련이다.

85

그리고 바쁜 사람은 그 말을 하면서 주위에 자신이 얼마나 많은 일을 하고 있는지, 열심히 일을 하고 있다는 것을 어필하고 싶은 것일지도 모르지만, 사실은 입에 담을수록 그다지 일을 하고 있다는 인상을 주지 못한다.

정말로 바쁜 사람은 주위에 자신을 어필할 여유가 있으면 그전에 일을 어떻게 처리할지 생각할 것이며, 다음은 무엇을 해야 하는지 하는 생각으로 머릿속이 꽉 차 있을 것이다. 주위의 사람도 점차로 그것을 알아차리면 '또 시작이군.', '또 병이 도졌다.' 라고 냉랭한 태도를 보이게 된다.

젊은 사람의 '바쁘다.' 는 철없다고 생각할 수 있지만, 중년 남성의 '바쁘다.' 는 심각하다. 왜냐하면 바쁘다는 것을 무언가의 핑계로 삼으려는 경향이 있기 때문이다.

예를 들어 더 이상 새로운 일은 할 수 없다고 하는 방비책이거나 기일까지 완성할 수 없는 기획서에 대한 핑계이다. 자신의 진의는 좀 편하고 싶다는 것일지도 모르지만 그래서는 '나는 일을 못 한다.' 라는 것을 주위에 말하고 있는 것과 똑같다.

그뿐이 아니다. 앞에서 말한 것처럼 정말로 바쁜 사람일수록 그것을 입에 담지 않고 철두철미하게 자신의 시간 관리를 하고, 아무 일도 없는 것처럼 태연한 얼굴로 일들을 처리하며, 시간을 아껴서 개인시간을 만들기도 한다. 그런 사람 앞에서 "너무 바빠서."라고 말하는 것은 자신의 부끄러운 부분을 드러내고 있는 것과 같다.

상대방 앞에서는 절대로 말하지 않지만 정말로 바쁜 사람은 '바쁜 것은 당신만이 아니다.'라고 내심 생각하고 있음에 틀림없다. 그리고 '바쁘다는 것을 핑계로 삼는 사람은 별 볼일 없는 사람이다.'라고 무시당하기도 한다. 자신만 바쁘다고 말하는 것은 말하지 않는 사람이 마치 놀고 있다고 말하고 있는 것이기 때문에 듣기에 따라서는 큰 실례이다.

'바쁘다.'라는 것이 무능의 증거라고 할 수는 없지만 너무 경솔하게 입에 담는 것은 전혀 좋은 것이 아니기 때문에 '바쁘다.'라고 요란을 피우는 것만큼은 피하는 편이 현명하다.

5

잔업, 야근은
시간 관리를 못 한다는 반증이다

일의 마감시간이 다가오더라도 정시에 끝나는 경우는 드물고 야근을 계속해야 할 경우가 있다. 드디어는 철야까지 해야 할 경우도 생긴다. 젊었을 때에는 '마지막에는 밤을 새면 된다.' 라고 생각하지만 나이가 들수록 체력이 문제가 된다.

"어제는 철야를 했다."고 자랑스럽게 말하는 비즈니스맨도 있지만, 사실은 철야한 것은 앞의 '바빠하는 사람'과 마찬가지로 그다지 칭찬할 만한 일이 아니다.

대체로 한 달에 한 번 마감이 찾아오는 월간지 편집부에서는 마감 시기가 되면 정시에 퇴근하는 것은 어불성설, 야근은 당연한 일로, 철야조까지 있는 상황이다. 요즘에는 그런 풍경이 드물지만 아직도 비슷한 광경이 반복되고 있다.

그렇지만 사람에 따라서는 며칠 야근을 하는 정도로 철야를 전혀 하지 않고 퇴근하는 사람이 있다. 그렇다고 해서 마감일을 지키지 못하는 것도 아니고 다른 사람과 비교해서 일을 편하게 하고 있는 것도 아니다.

잘못하면 철야하는 사람들로부터 눈총을 받기도 하지만 맡은 일만 잘 처리하면 "친화력이 없군." 하고 험담을 듣는 정도로 아무도 불평하지 않을 것이다.

언제부턴지 우리 사회에서는 늦게까지 회사에 남아 있는 것이 마치 일을 하고 있는 것처럼 미화하는 경향이 강하다. 특히 잡지사 편집부와 같은 직종은 매일 정해진 업무량이 있는 것도 아니고 최종 마감까지 맡은 일을 하면 되기 때문에 스케줄 관리는 대부분 담당자의 자율에 의한다.

따라서 출근시간도 엄격하지 않은 경우도 많고 대체로 늦게 출근해서 늦게 퇴근하는 업무 스타일이 보통이다. 보통의 샐러리맨이 밤 10시까지 일을 했다고 하면 대단한 것처럼 생각되지만, 사실은 오후가 지나서 2시쯤에 출근하는 것이 보통이다. 2시에 출근해서 밤 10시에 퇴근한다면 9시 출근, 5시 퇴근과 업무시간은 똑같다.

특히 평소의 시간 관리에 대해서 관대한 편인 직종이기 때문에 철야조의 사람들이 하루의 시간 사이클을 아침형으로 바꾸는 것만으로 철야는 반으로 줄어들 가능성조차 있다.

이것은 잘 아는 편집자에게 들은 이야기인데 어느 날 철야를 한 젊은 편집자가 "잠깐 눈 좀 붙이고 오겠다."라고 말하고 아침 10시에 편집부를 나간 채 저녁이 돼도 돌아오지 않았다고 한다.

보통 잠깐 눈 좀 붙인다고 하면 기껏해야 두세 시간 정도이다. 그런데 오후 4시가 지나도 돌아오지 않아서 편집부 직원이 회사 안을 찾아보니 주차장의 차 뒷좌석에서 코를 골며 자고 있었다고 한다.

오전 10시부터 오후 4시까지 6시간이나 '눈을 붙이고' 있었던 것이다. 그만큼 잠 잘 시간이 있다면 굳이 철야를 할 필요는 없었을 것이다. 그 이후 쓸데없는 철야는 하지 말라는 회람이 돌았다고 한다.

비슷한 이야기는 얼마든지 있다. 어떤 회사에서 타임카드를 체크했더니 반수 이상의 편집부원이 오후 3시~4시에 카드를 찍고 새벽 1시~2시에 퇴근하고 있다는 것을 알게 됐다고 한다.

출근 전에 밖에서 회의를 끝내고 오는 경우도 있었으니 타임카드 시간=근무시간이라고 할 수는 없지만, 예를 들어 오후 3시 출근해서 새벽 1시에 퇴근하면 10시간 근무이다.

아침 9시에 출근하는 사람이 10시간 근무해도 퇴근시간은 오후 7시이다. 오후 7시와 새벽 1시의 큰 차이는 전철이나 버스 같은 교통편이 운행하고 있는가 아닌가 하는 것이다. 그 회사에서는 심야에 택시를 마음껏 사용할 수 있었는데, 이 사건을 계기로 재고되었다고 한다.

사람은 시간 관리를 개인의 재량에 맡기면 점차 둔감해지기 마련이다.

그래도 자신의 스타일을 지키는 사람이나 자기관리가 철저한 사람들은 다른 사람이 오후가 되어서 회사에 나올 때 오전부터 출근을 해서 잠깐의 잔업으로 업무를 마무리하고 개인시간을 즐기고 있다.

[시간 관리를 잘하는 사람]   [시간 관리를 못 하는 사람]

철야 작업은
하지 않는다

무슨 일이든
철야로 작업을 한다

아침 9시 출근해서
오후 5시에 퇴근

오후 2시에 출근해서
오후 10시에 퇴근

(빨리 퇴근하는 인상)

(밤늦게까지 작업을
하고 있는 인상)

사실은 양쪽의 근무시간은 똑같다

철야조는
개인시간이 적어지는 경우가 많다

6

가정(假定) 이야기에
시간을 허비하고 있지 않는가?

비즈니스계에서 새로운 일을 제안했을 때에 비관적인 마이너스 요인만 열거해서 '이렇게 되면 어떻게 하나.', '만약 이럴 경우에는.' 하며 그 제안을 거부하는 것 같은 가정 이야기만 하는 사람이 있다.

본인은 거부를 생각하고 있는 것은 아니며 생각할 수 있는 모든 위험요소를 제거한 뒤에 시작해야 한다고 말하고 싶었을지도 모른다. 지나치게 부정적인 부분만을 부각시키는 말을 계속하면 "해보지 않으면 모르지 않나!" 하고 화를 내는 경우도 있다.

회의가 헛돌거나 논의가 진전되지 않는 대부분의 이유는 이런 '가설 공격'에 의한 것이다. 건설적인 의견을 피력하기보다는 잘못된 점을 찾는 편이 쉬운 점과, 잘못 찬성해서 실패했을 때 책임을 져야 하는 점도 부담이라는 생각들이 복합적으로 작용한 탓이다.

조직 속에서 새로운 프로젝트를 시작하는 것은 대단히 어렵다는 것을 상징하는 예일지도 모른다.

회의나 미팅과 같이 다수의 사람과 이야기를 하는 자리뿐만 아니라 비즈니스 거래나 교섭 등에서도 이 '가설 공격'에 골머리를 앓는 경우가 있다.

예를 들어 자회사 제품을 판매할 때 상대방의 의문이나 궁금증에 대답을 하지 못하는 세일즈맨은 실격이지만, 자신도 아직 명확하게 파악하고 있지 못하는 기획이나 의견을 물어보려고 가벼운 마음으로 상담을 하고 있을 때, 이런 가설 공격의 표적이 되면 "괜히 말했다."라고 후회를 한다.

개중에는 정당한 의견이나 참고가 되는 조언을 해주는 사람도 있는 반면 자신의 인상이나 고정관념만을 고집해서 장황하게 의견을 열거하는 사람들도 있다.

그 기획이나 아이디어를 다른 사람에게 말해 보려고 생각하기까지는 어느 정도 시간을 할애해서 아이디어를 고안하거나 노력했음에 틀림없다. 적어도 이제 막 이야기를 들은 사람보다도 많은 생각과 시간을 들여 구상을 하고 연구한 결과를 다른 사람에게 이야기해 보려고 생각한 것이다.

만약 그런 단계에서 이런 상대를 만나게 된다면 '물어본 내가 나빴다.'라고 포기할 수밖에 없고, 그 시간들 또한 수포로 돌아갈 가능성이 있다.

이것은 혼자서 사색하는 경우에도 적용되며 신중한 유형일수록 빠지기 쉬운 맹점이다.

생각해도 알 수 없는 일이나 고민해도 결론이 나오지 않는 일에 머리를 싸매고 고민하는 것은 결코 현명한 시간의 사용법이라고 할 수 없다.

따라서 상담을 할 때에는 상대를 잘 선택해야 한다. 만사를 다각적으로 고려할 수 있는 시야가 넓은 사람, 다른 사람의 의견을 친절하게 들어줄 마음이 깊은 사람, 지식이 풍부하고 식견이 높은 사람 등이 가까이 있으면 더없이 좋다. 최종적으로는 서로의 마음을 잘 알고 있는 사람이 좋을 것이다.

결과가 부정적이라고 해도 '이 사람에게 의논해서 다행이다.'라고 생각할 수 있는 사람을 선택하는 것이 중요하다.

아이디어는 부정됐지만 '말하지 말걸.' 하고 후회한다면 시간만 낭비한 결과를 초래하게 되는 것이다.

그렇게 되면 너무 큰 충격을 받아서 자기 자신도 아이디어에 매력을 느끼지 못하게 될 가능성조차 있다.

무엇이든 앞뒤 가리지 않고 시작하는 것은 좋지 않지만 모든 일은 '먼저 시도해 보는 것'이 중요하다.

일이 막혔을 때의 대처법

당신은 바이오리듬이라는 말을 들은 적이 있을 것이다. 자세히는 모르지만 생명을 의미하는 바이오와 규칙적인 운동을 의미하는 리듬이 결합된 합성어로 신체·감정·지성, 이 세 가지는 주기적인 패턴이 있어서 그 주기의 상승과 하락으로 그날의 몸 상태가 좋은지 나쁜지 가늠하는 척도가 된다.

별다른 이유도 없이 몸 상태가 좋지 않을 때에 '오늘은 바이오리듬이 나쁜 것 같다.'라는 식으로 표현하곤 한다. '어쩐지 몸 상태가 별로다.', '평소와는 다르게 기분이 좋다.'고 느끼는 경우가 있을 것이다.

과연 이것이 바이오리듬 때문인지는 확실하지 않지만 자신도 명쾌하게 설명할 수 없을 때 사용하는 편리한 단어로 자신도 의식하지 못한 채 사용하는 사람도 많다.

이 바이오리듬과 같은 것으로 '점(占)'이 있다. 남성의 경우는 그다지 점을 중요하게 생각하지 않지만, 스포츠신문이나 무가지 신문에 있는 '오늘의 운세'는 심심풀이로 보는 사람도 있을 것이다.

자신은 믿지 않는다고 생각하지만 막상 나쁜 말이 쓰여 있으면 어쩐지 그날은 기분이 좋지 않다. 우연히 나쁜 일을 겪게 되면 '역시!' 하고 스스로 '오늘은 운이 안 좋은 날'이라고 단정 짓는 경향이 있다.

어쩌다 점이 맞았다고 생각되는 것은 '착각'이라고 생각하는 편이 좋다. 특히 "일진이 사나운 날."이라고 쓰여 있는 것을 마음에 두고 있으면 왠지 모르게 맞는 것 같은 기분이 들기 마련이다.

왜냐하면 사람은 '좋은 일'에 대해서는 신경을 쓰지 않고 지나치지만 '나쁜 일'에는 자신도 모르게 신경이 쓰이기 때문이다.

인간은 섬세한 동물이기 때문에 아주 사소한 일로 실의에 빠지기도 하지만 반대로 사소한 일로 회복하기도 한다. 그런데 날에 따라서 무슨 일을 해도 전혀 능력이 오르지 않을 때가 있다. 보통은 신경을 쓰지 않던 전화소리나 말소리가 귀에 거슬리거나, 소음들이 신경에 거슬려서 집중을 할 수가 없는 때가 있다.

또 평소처럼 머리가 움직이지 않고 의욕이 생기지 않는 경우도 있다. 사람의 집중력이 지속되는 것은 90분 정도라고 한다. 하지만 90분은커녕 30분만 지나면 집중력이 끊어져버리고, 처리해야 할 일은 산적해 있는데 전혀 진척이 되지 않고 시간만 가는 경우도 있다. 이럴 때 당신은 어떻게 하는가?

딱히 이렇다 할 급한 일에 쫓기고 있지 않으면 '오늘은 도저히 안 되겠다.'라고 포기하고 그날은 적당히 일을 마감하면 되지만, 공교롭게도 처리해야 할 일이 있을 때에 그런 무기력한 날이 찾아온다. 이것은 앞 장의 '교통 정체에 빠지면 어떻게 할 것인가.'라는 점과 일맥상통하는 면이 있다. 특히 능률이 오르지 않아도 책상을 떠나지 않고 일을 계속하는 유형과 기분전환을 위해 잠시 회사 밖으로 나가서 머리를 식힌 후에 업무에 복귀하는 유형으로 나눌 수 있다.

그럼 답은 벌써 나와 있다. 무턱대고 일을 계속하는 것이 아니라 기분전환을 꾀하는 사람이 시간을 유효하게 이용할 수 있는 사람이다. 사람은 바쁠 때 자신의 생각대로 되지 않는 일이 생기면, 마음만 초조해져서 평상심을 잃어버리기 때문에 실수를 범하기 쉽다. 정상적으로 기능하지 않는 머리로 업무를 계속하면 이번에는 실수를 범해도 깨닫지 못하고 나중에 그 실수가 큰 문제를 일으킬 가능성조차 있다.

생각대로 일이 진척되지 않고 의욕이나 집중력이 생기지 않을 때에는 시간이 아깝다고 책상에 달라붙어 있지 말고, 15분이나 30분이라도 업무와 전혀 관계없는 일에 시간을 쓰면서 기분과 머리를 전환하는 편이 좋다. 그때 평소에 무언가 자신만의 기분전환 아이템을 가지고 있거나 알고 있으면 보다 효율적으로 시간을 사용할 수 있을 것이다.

왜 바쁠 때
능률이 더 오르는 것인가?

스케줄 수첩을 보면 오후에 미팅 한 건만 잡혀 있고 다른 급한 일이 없을 때, '오늘은 일에 전념할 수 있을 듯하니 그동안 못 했던 일들을 처리하자.'라고 작정하고 있었는데 막상 퇴근시간이 되고 보니 생각했던 일의 반도 하지 못했던 경험이 있을 것이다.

도중에 급한 용건이 생긴 것도 아니고 회의가 길어졌던 것도 아닌데 왜일까, 의아하게 생각된다.

원인은 긴장감 결여이다. 급하지 않은 만큼 느긋하게 업무에 임하는 것은 좋지만 실은 거기에 많은 불필요한 시간이 끼어드는 것이다.

예를 들어 하루에 서너 건의 미팅이 잡혀 있고 그 사이에 내일 회의용 보고서를 정리해야 하는 상황일 때에는 숨 쉬는 시간도 아까울 정도로 당일 일정을 계속 머릿속에서 정리하면서 일을 처리해 갈 것이다. 그렇게 해야만 하는 상황에 처해 있기 때문이다.

그렇게 되면 저절로 의식과 행동이 민감하게 움직일 수밖에 없고 촌각을 아껴서 계획대로 일을 진행하게 된다. 즉 적당한 긴장감은 일을 정체시키지 않고 원활하게 진행시키는 것이다.

일이 아닌 놀러가는 예정이 잡혀 있는 날을 생각해 보면 알기 쉽다.

예를 들어 저녁 6시에 오랜만에 학창시절 친구와 만나기로 약속을 했다고 하자.

몇 년 만에 만나는 옛 친구와의 만남이 기다려져서 절대로 늦지 않으려고 그날은 필사적으로 업무에 매달릴 것이다. 꽤 힘든 스케줄이라고 해도 별 어려움 없이 처리하고 예정대로 약속 장소로 달려갈 것이다.

일이 급박할 때도 마찬가지이다. 처리해야 한다는 사명감과 긴장감이 평소보다 더 의욕을 고취시켜 업무 효율을 올려준다. 무의식중에 쓸데없는 일에는 손을 대지 않고 그날 할 필요가 없는 일에는 눈길도 주지 않는다.

한편 시간이 여유가 있을 때에는 필요 없는 일에 말참견을 하거나 손을 대거나 해서 긴장감이 없이 시간을 하릴없이 보내버리고 있는 것이다. 마음이 동한 일을 하는 도중이라도 이내 다른 일에 정신을 빼앗겨서 정신을 차려보면 시간을 비효율적으로 보내게 되는 것이다.

정도의 차이는 있지만 적당히 바쁜 것은 사람에게 좋은 긴장감을 지속시켜주고 일의 능률도 향상시켜준다. 이것은 일을 왕성하게 처리하고 있는 사람일수록 멍하니 시간을 축내고 있는 사람보다 생동감 있게 보인다는 사실과도 일맥상통한다. 반대로 말하면 긴장감이 없으면 사람은 시간 관리에 느슨해진다는 말이기도 하다.

4장

시간은 스스로 만드는 것이다

모든 것은
시간으로 평가된다

　세상에는 '자유업'으로 분류되는 직업을 가진 사람이 있다. 자신의 마음대로 일을 할 수 있는 듯한 어감 때문에 이 직종을 동경하는 사람도 있을 것이다.

　사전에 의하면 '자유업이란 일정한 고용관계에 의하지 않고 시간에 속박받지 않으며 독립적으로 영위하는 직업. 특별한 기능, 기술, 지식에 기초한 전문직 예술가, 연예인, 의사, 변호사, 회계사, 문필가 등'이라고 정의되어 있다.

　'일정한 고용관계에 의하지 않고' 또는 '시간에 속박받지 않고'처럼 매력적인 말이 열거되어 있어서 더 매력적이라고 착각하는 사람들을 위해 실제로는 어떤지 살펴보겠다.

먼저 고용관계에 구속받지 않는다는 점은 직장인과 달라서 고용된 조직이 없기 때문에 '일거리'와 '돈'은 자신이 벌어야 된다는 의미이자 일거리를 찾지 못하는 한 보수를 얻을 수단이 없다는 의미이다.

조직(회사)에 고용되면 별일이 없는 한 월급날이 되면 자동적으로 정해진 금액의 보수를 받지만, 자유업인 사람은 보수를 얻기 위해서는 나름대로 일을 하지 않으면 안 된다.

다음으로 시간에 속박받지 않는다는 뜻은 정말일까? 분명히 근무시간이 정해진 것이 아니어서 자신이 좋아하는 시간에 일을 시작하고 좋아하는 시간에 끝낼 수 있다. 그런데 달리 말하면, 일이 끝나지 않으면 토요일과 일요일도 없다. "직장인도 야근이나 휴일 출근이 있다."고 말하는 사람이 있겠지만, 대부분의 직장인의 경우는 야근을 하면 야근수당이 나오고 휴일에 출근하면 휴일수당이 나온다. 한편 자유업인 사람에게는 그런 것이 없다.

게다가 조직에 속하면 근로기준법에 의해서 '하루 8시간, 주 40시간'이라는 노동시간이 정해져 있지만 자유업의 사람에게 정해져 있는 것은 '일이 끝날 때까지'라는 기준뿐이다.

견해를 달리하면 '자유업'이라는 것은 속임수로 사실은 '부자유업'이라고 하는 것이 맞는 말일지도 모른다.

오랫동안 출판사 편집 일을 해온 지인이 어느 날 프리랜서가 됐다고 해서 축하 겸 식사를 대접한 적이 있다. 그 프리랜서 역시 똑같은 말을 했다.

"오랫동안 회사에서 일해서인지 토요일과 일요일은 휴일이라는 의식이 강해서 처음에는 곤혹스러웠다. 시간 조절에도 서툴러서 주말에도 일에 파묻혀 보내지만 프리랜서가 된다는 것은 주말과 공휴일이 없어진다는 것을 지금에서야 깨닫게 되었다."

이 말의 의미는, 자유업에 대한 정의의 하나인 "시간에 구속받지 않는다."라는 말과는 완전히 반대로, 이 세상에서 살아가는 동안 좋든 싫든 시간으로부터 벗어날 수 없는 운명이라는 의미이다.

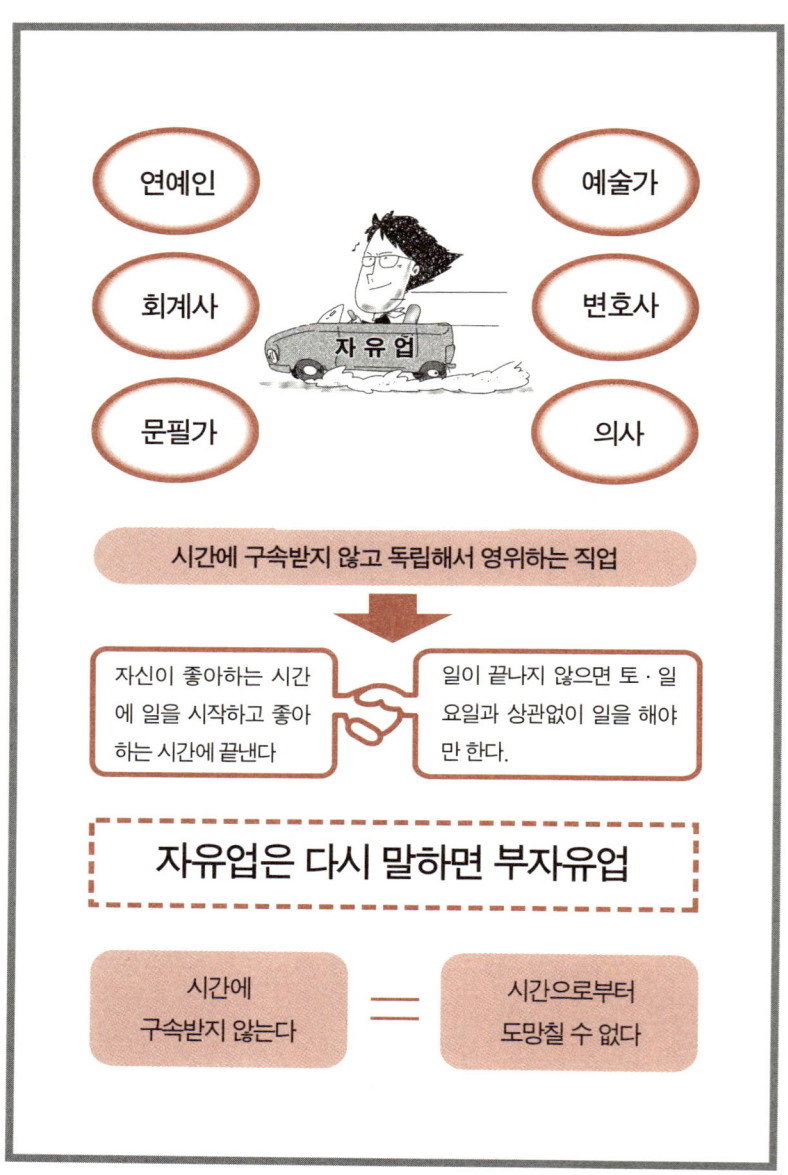

연예인

예술가

회계사

변호사

자유업

문필가

의사

시간에 구속받지 않고 독립해서 영위하는 직업

자신이 좋아하는 시간에 일을 시작하고 좋아하는 시간에 끝낸다

일이 끝나지 않으면 토 · 일요일과 상관없이 일을 해야만 한다.

자유업은 다시 말하면 부자유업

시간에 구속받지 않는다 = 시간으로부터 도망칠 수 없다

비즈니스는
시간 쟁탈전

영업직이나 사무 관리직의 직장은 몇 명의 동료나 선후배가 모여서 때로는 협력하고 경쟁하면서 이익을 추구하는 곳이다. 각자 자기가 담당하는 일이 있고 부서 전체가 지향하는 목표와 회사 전체의 목표가 있다. 자신의 시간을 누구에게도 방해받지 않고 자신만을 위해서 사용하는 것이 아니다.

경우에 따라서는 자신의 일을 내던지면서 전체의 이익을 위해 다른 일을 우선해야만 하는 경우도 있다. 그렇지 않으면 회사 속에서 고립되고 도태되어 버린다. 즉 자신의 시간을 회사라는 거대한 시간 속에 교차시키고 있는 것이다.

원래 당신의 시간은 당신 자신의 것으로 어느 누구의 것도 아니다. 하지만 사회에 나가서 직업을 얻고 보수를 얻기 위해서는 시간을 매개로 해서 자신을 회사에 헌신해야 한다. 사람들은 어차피 헌신한다면 싫은 회사나 싫은 일을 하는 것보다 납득할 수 있는 일을 하려하며 각자 선택하여 자신의 생각과 다르면 전직을 하기도 한다.

너무 진부한 얘기를 하고 있는지도 모르지만, 기왕 시간이라는 매개를 중심으로 일이나 직장, 회사를 고려한다면 그렇다는 것이다. 직장에서 경력을 쌓고 실적을 올려서 점차 승진한다는 것은 회사에 바치는 시간을 서서히 줄이고 자신의 자유시간을 늘려가는 것이기도 하다.

신입사원 시절에는 그야말로 앞뒤를 가리지 않고 종일 회사와 업무에 시간을 헌신하지만, 몇 년 정도 지나면 요령이 생겨서 일에 구속받는 시간은 근무시간뿐이고, 이윽고 부하직원이 생기면 부하직원의 시간을 사용해서 일을 할 수 있게 된다.

이렇듯 커리어(career)가 원활하게 인수인계되는 회사는 업적도 순조롭게 올라갈 것이다. 상사로부터 부하에게로 바통터치도 원활히 이어지고 있을 것이다. 단지 회사나 기업이 법인으로 불리는 것처럼 사람과 같은 성격을 가지고 있기 때문에 사람이 혼자서 살아갈 수 없는 법인도 하나의 회사만으로는 성립하지 않는다.

그래서 타사와의 협력과 경쟁 속에서 회사 내에서와는 다른 시간 쟁탈전이 펼쳐진다. 이 경쟁에서 승리하지 못하면 당신과 당신의 직장 동료의 시간을 다시 인질로 바치지 않으면 안 된다.

시간을 축으로 해서 업무나 직장을 생각해 보면 비즈니스 현장이 바로 시간 쟁탈전이 벌어지는 최전선으로 보일 것이다.

당신 혼자 회사의 최전선에 서서 아무리 고군분투해도 동료들과 후배들의 지원을 받지 못하면 전선을 이탈할 수밖에 없다. 마찬가지로 회사 전체가 일치단결해서 싸움에 임해도 그 전투력에 확연한 차이가 있으면 이윽고 힘이 다해 버릴 것이다. 그렇게 되지 않기 위해서라도 최전선에 있는 한 사람 한 사람이 효율 좋게 자신과 시간을 관리해서 싸워야만 하는 것이다.

3

돈으로
시간을 매매한다는 것 ①

"돈으로 시간을 산다."라고 하면 어쩐지 거북하게 들릴지도 모르지만, 전혀 특별한 것이 아니라 당신도 흔히 하고 있는 일이다.

예를 들어 고속도로를 이용하는 것도 그렇고, 급할 때 전철 대신 택시를 이용하는 것도 마찬가지이다. 일반도로라면 통행료도 없고 전철 요금보다도 택시 요금이 비싼 것은 이동시간을 단축할 수 있기 때문이다.

이처럼 시간을 얻기 위한 대상으로 돈을 지불하는 행위는 일상생활 속에서도 아주 흔히 있는 일이다. 밥을 하지 않고 밖에서 외식을 하는 것이나 배달시켜 먹는 것도 조리하는 시간을 벌기 위한 대가를 지불하는 것이라고 할 수 있다.

따라서 시간의 유효이용이라는 관점에서만 말하면 "돈으로 시간을 산다."는 것은 전혀 이상한 일이나 나쁜 일이 아니다. 그뿐 아니라 잘 구분해서 사용하면 지불한 금액 이상의 것을 얻을 수도 있다.

최근에는 인터넷의 보급으로 자료를 보낼 때 메일로 이용하면 금방 보낼 수 있으며, 물건을 보낼 때도 일부러 직접 갈 필요가 없이 택배나 퀵서비스를 이용하면 된다.

그래서 직접 얼굴을 맞대고 일을 하는 기회가 줄어들고, 커뮤니케이션이 줄어든 것은 분명하지만 서로 양해하에 이루어진 일이고, 왕복에 한두 시간이나 걸리는 상대라면 그 시간을 절약하는 것만으로 큰 수확이다.

원래 택배와 퀵서비스가 이렇게까지 번성한 것은 시간을 돈으로 사고 싶다는 수요가 있었기 때문이다. 그만큼 시간에 대한 의식이 높아진 증거라고 할 수 있고, 시간의 다중이용을 업무에 도입하는 회사나 기업이 늘어나고 있다는 말이다.

수요가 있는 곳에는 반드시 비즈니스가 성립하기 마련이다. 규제완화와 구조개혁이 앞으로도 지속된다면 점점 더 새로운 '시간을 돈으로 바꾸는 업종'이 나타날 것이다.

바로 현대는 시간을 장악하는 자가 비즈니스를 제패하는 시대라고 할 수 있다(117쪽 참조). 특히 편리한 시대가 되었으나 그 편리

함의 이면에는 반드시 위험성이 잠복하고 있다는 것도 유념할 필요가 있다.

예를 들어 바쁘지도 않은데 택시를 이용하거나 상대가 "만나고 싶다."라고 말하고 있는데 택배로 처리하는 것은 시간의 유효 이용이 아닌 그저 돈의 낭비이고 상대에게 불쾌감만 줄뿐이다.

"돈으로 시간을 산다."는 것의 혜택을 누림에 있어서 잘못 사용하면 사태를 악화시킬 수 있는 '양날의 칼'이라는 점을 알아두어야 한다.

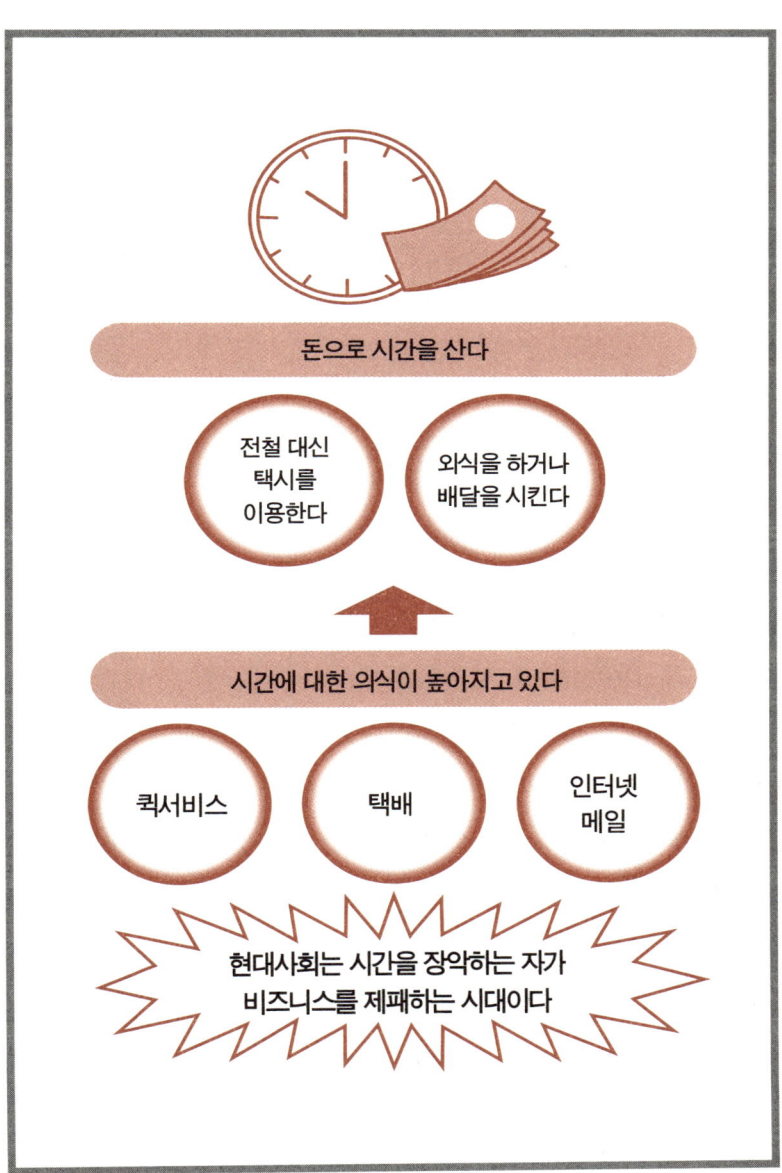

돈으로 시간을 산다

전철 대신 택시를 이용한다

외식을 하거나 배달을 시킨다

시간에 대한 의식이 높아지고 있다

퀵서비스

택배

인터넷 메일

현대사회는 시간을 장악하는 자가 비즈니스를 제패하는 시대이다

117

4

돈으로
시간을 매매한다는 것 ②

앞에서 "돈으로 시간을 산다."라는 것에 대해 주로 이야기했지만 여기에서는 "돈으로 시간을 판다."라는 관점에서 이야기를 해보겠다. 어차피 판다면 한 푼이라도 비싸게 팔고 싶은 게 사람의 마음이다. 그러나 여기에는 사람에 따라서 큰 차이가 있다.

알기 쉽게 다시 '시급'의 예를 들어보면 '시간을 팔고 있다.'는 것을 알 수 있다. '시급 천 원'이라는 말은 당신의 1시간을 천 원으로 판다는 것으로 '시급 5천 원'이면 5천 원에 판다는 말이다.

단 앞에서 말한 것처럼 단순한 시간계산으로는 불가능한 업종도 있다. 특수한 능력이나 기술이 요구되는 업종에서는 시간과 보

118

수의 관계는 역전된다.

예를 들어 당신이 프리랜서라고 하자. 대체로 '원고료' 라는 명목으로 보수를 얻고 있는데, 그것은 200자 원고지 한 장에 얼마라고 계산하고, 잡지 한 쪽 분량의 원고를 써서 쪽수당 얼마라고 계산을 한다. 그리고 '언제까지' 라는 마감이 설정되어 있다.

말을 단순화하기 위해 '원고지 250매, 한 장당 이천 원' 이라는 일을 "5일 안에 완성해 주십시오."라고 의뢰받았다고 하자. 보수가 오십만 원인 일을 5일 안에 완성해야 하기 때문에 날짜로 계산하면 하루에 십만 원의 일이 된다.

보통 사람은 의뢰받은 대로 5일 안에 완성할 테지만 능력 있는 사람은 3일 만에 완성할 수도 있다. 아니면 이틀 만에 끝내는 사람도 있을 것이다. 그렇지만 보수에는 변함이 없기 때문에 의뢰받은 일의 시간을 단축하면 할수록 일당은 올라가게 된다. 만약 이틀 만에 끝내면 일당 이십오만 원의 일을 한 것이 된다. 반대로 5일 만에 완성하지 못하면 일당은 십만 원에서 줄어든다.

이렇게 되면 능력 있는 사람일수록 한 가지 일에 걸리는 시간을 단축할 수 있기 때문에 보통의 능력을 가진 사람 이상의 업무량을 받을 수 있게 된다. 즉 능력에 따라 자신의 일당을 높일 수 있는 구조이다.

좀 더 명확하게 "시간을 팔고 있다."는 사실을 실감할 수 있는 것이 다음의 경우이다. 갑자기 담당 편집자로부터 전화가 와서 "좀 문제가 생겨서, 원고료를 평소보다 두 배를 드릴 테니 3일 만에 끝낼 수 있습니까?"라는 의뢰를 받았다고 하자. 얼핏 원고료가 오르니 일의 질을 인정받은 것처럼 착각할지도 모르지만, 사실은 시간의 초과에 대해서 지불한 대가인 것이다.

이 경우는 "좋은 글을 써주고 있으니 원고료를 배로 하자."라는 의미가 아니라 "평소의 반 정도의 시간밖에 없는 어려운 일이니 원고료를 배로 지불한다."라는 의미인 것이다.

비즈니스를 '시간'과 '보수'라는 관계에서 생각하면 노동력, 기술력, 재능, 경력들을 이해하기 쉬워질 것이다.

5

환경이
시간에 미치는 폐해

회사 업무 중에서 가장 쓸데없는 것은 무엇인가라는 설문을 해보니 압도적으로 1위를 차지한 것이 '회의'였다는 말은 앞에서 언급했다. 그럼 개인 차원에서 시간낭비의 요소는 무엇인가? 바로 '물건 찾기'라고 한다.

책상 위나 주변, 서랍 속 등에 필요한 서류를 아무렇게 놓아두고 막상 필요해서 찾으면 없었던 경험을 한 사람이 많을 것이다. 아침부터 찾기 시작해서 반나절, 아니면 종일 찾기도 한다.

평소부터 주변을 정리정돈해 두면 그런 시간의 낭비를 하지 않는다는 것을 알고 있지만 책상 위에는 서류가 산더미처럼 쌓여 있고 책상 밑에까지 수북이 쌓여 있다.

개중에는 "책상 위나 주위가 서류더미로 되어 있는 상태가 물건 찾기에는 쉽다."라는 사람도 있다. 자신의 기억을 더듬어 가면 3일 전 서류라면 여기, 일주일 전이라면 저기 근처라고 가늠할 수 있는 것이다. 그 때문에 다른 사람에게는 절대로 책상 주위에 손대지 못하게 하는 사람도 있다. 그렇다면 차라리 날짜를 적은 파일 케이스를 사용해서 정리정돈하면 기억을 더듬어 가지 않고도 해결할 수 있을 것이다.

실제로 그런 조언을 한 사람의 말을 들어보니 실은 서랍 속은 정리하지 않고 쌓아둔 서류더미로 가득한데도 파일 케이스를 수납할 공간 등이 없었다고 한다. 그 사람 본인도 지기 싫어서 허세를 부리고 있었는지도 모른다.

불필요한 서류를 버리지 않고 서랍 속에 넣고 있는 것도 서류를 찾는 시간이 걸리는 큰 요인이다. 만일 자신도 모르는 사이에 필요한 서류가 다른 서류 틈에 끼어 있다면 그 서류를 찾는데 큰 소동이 벌어질지도 모른다. 괜히 허세를 부리지 말고 정리정돈을 하기 바란다.

미국의 '월 스트리트 저널' 지에는 비즈니스맨이 물건 찾기에 소비하는 낭비시간을 계산해 보니 1년에 6주나 된다는 통계 기사가 실렸다고 한다.

최근에는 서류를 전부 컴퓨터로 처리하기 때문에 컴퓨터 내에 보존하고 있는데 이 또한 잘 정리해 두지 않으면 데스크톱에 있는지, 내문서 안에 보존했는지 찾는데 고생을 하기도 한다.

어떤 사람들은 데스크톱 바탕화면이 보이지 않을 정도로 파일을 늘어놓은 사람도 있다. 파일명을 정확하게 표기해 두면 파일명으로 찾을 수 있지만, 이름이 비슷하거나 의미를 알 수 없는 이름, 날짜를 붙여두면 파일을 일일이 열어서 확인하지 않으면 안 된다.

또 내문서 폴더의 경우도 마찬가지이다. 항상 폴더 명을 인식할 수 있도록 해두지 않으면 서류를 찾는데 많은 시간을 잡아먹기도 한다.

더 이상 필요 없는 파일이나 폴더는 휴지통에 버리면 되는데 잘못 버리거나, 또 필요할지도 몰라 내버려두면 어느 순간 가득 차 버린다.

컴퓨터 얘기가 나온 김에 한마디 더 하면, 요즘 아침에 컴퓨터를 켜면 제일 먼저 하는 스팸메일 삭제는 시간의 낭비이자 짜증나는 일일 것이다.

사람에 따라서 스팸메일 양은 다르지만 내(필자) 친구 중 한 명은 일요일 아침에 메일 확인을 하면 수백 통의 스팸메일이 있어서 휴일 아침 제일 먼저 하는 일이 스팸메일 삭제라며 흥분을 하기도 했다.

물론 일과 관련된 중요한 메일들도 있기 때문에 이름과 용건만을 보고 삭제하는 것이지만 개중에는 마침 한창 진행 중인 프로젝트 상대의 이름과 지인의 이름과 같은 이름으로 오는 메일도 있어서 일일이 열어서 확인해야 하기 때문에 곤혹스럽다고 한다.

요즘 이와 비슷한 얘기는 흔한 일이니 어쩌면 가까운 시일 내에 '가장 쓸데없는 시간'의 1위는 '스팸메일 삭제'가 될지도 모른다.

이동시간에는
독서가 좋은가, 문자메시지가 좋은가?

최근에는 출퇴근 시 전철이나 버스 안에서 문자메시지를 주고받는 사람이 많아졌다. 시간의 이동 이용이라는 의미에서는 독서하는 것과 문자메시지를 주고받는 것 중 어느 편이 좋은 시간 이용법일까?

출퇴근이라는 비교적 짧은 이동 중에는 그다지 눈에 띄지 않지만 열차나 비행기 안에서라면 자연스레 노트북을 열고 열중하는 사람을 볼 수 있다. 이동 중의 독서나 서류작성의 목적은 시간의 멀티 이용이라는 점에서는 똑같지만 머리에 주입시킬 수 있는 독서가 좋은지 아니면 서류작성 같은 실질적 작업이 효율적인가 하는 문제이다.

이것에 관해서 베스트셀러 작가 A씨는 "이동시간이나 외출시간은 서류작성이나 업무일지를 쓰기 좋은 시간."이라고 주장했다. 예를 들어 편지를 쓰고 귀찮은 원고에 손을 대고, 평소에 미루어 두었던 일을 하기에 절호의 기회라는 것이다.

좀처럼 손에 잡히지 않고 거북했던 일이라도 언젠가는 끝내야 한다. 그렇다면 뒤로 미루어도 일정한 시간 동안 구속되어 있는 전철이나 기내에 있는 시간을 이용하는 것은 현명한 방법이다.

물론 이동할 때 독서가 가장 머리에 잘 들어온다는 사람도 있겠지만 독서파인 사람은 단순히 '시간 때우기'로 생각하는 사람이 많지 않을까? 그리고 보면 "이동 중에 읽은 책의 내용은 잘 기억하지 못한다."라는 이야기를 들은 적도 있다.

만약 오랜 습관, 버릇으로 이동시간에 독서를 하고 있는 사람이라면 한번 서류작성이나 메모 등을 해보는 것도 가치가 있을지도 모른다.

일반적으로 독서를 할 때의 집중력과 서류작성이나 메모를 할 때의 집중력은 별개라고 한다. 이것은 이야기를 들을 때의 집중력과 말을 할 때의 집중력의 차이라고도 할 수 있다. 보다 높은 집중력이 필요한 것은 들을 때이다.

그것은 독서를 할 때에는 꽤 높은 집중력이 요구되기 때문에 잡음이나 진동, 차내의 안내방송 등으로 집중력에 방해를 받는 속에서는 서류작성이나 업무일지 등을 쓰는 편이 효율적이라고 할수 있다.

이때 평소에 뒤로 미루어두었던 일을 하는 것이 좋다. 시급을 요하는 작업이 아니면 '다음에', '나중에' 라고 점점 뒤로 미루게 되기 때문이다.

그리고 기한이 되어서 "그 일은 어떻게 됐습니까?" 라는 말을 들으면 당황해 하는 모습이 눈에 선하기 때문에 이동 시에 많은 집중력을 요구하지 않는 문서작성 같은 작업이 효율적일 것이다.

즉 조금 긴 이동시간은 '급하지 않더라도 언젠가 해야만 하는 일을 처리하는 시간' 으로 정하는 것이다. 이렇게 해두면 그 이동시간에 맞춰서 여유 있게 처리할 수 있을 것이다. 더욱이 재촉을 받기 전에 일이 완료되어 있을 것이다.

7

시간차 공격이라는 시간절약법

예전보다는 다소 완화되었다고는 하지만 아침의 러시아워는 대단하다. 만원 차 안에서 옴짝달싹할 수 없는데도 사람들은 더 밀려들어오고 숨쉬기조차 어려운 상황이 빈번하다.

완화된 요인은 몇 가지 있겠지만, '시간차 출퇴근 장려'도 큰 효과를 거둔 대책 중 하나이다. 9시 출근을 8시 반이나, 9시 반 출근으로 바꾸는 것만으로 러시아워 피크가 상당히 분산된 것이다.

매일 체력도 의욕도 소진되는 만원전철에서 벗어날 수 있다면 기꺼이 30분 먼저 출근하는 회사원도 많았던 것이다.

명절날이나 휴가철에 반복되는 교통정체와의 싸움도 러시아워와 비슷하다. 고속도로 정체가 40킬로, 50킬로로 이어진다는 뉴스를 들을 때면, 평소에는 두세 시간밖에 걸리지 않는 고향까지의 시간이 두세 배로 늘어나는 것은 너무나 불합리하다는 생각이 든다.

소위 피크시간을 피하기만 해도 정체가 상당 부분 완화된다는 것을 알고는 있지만, 우리 사회의 조직이나 민족성, 제반 사정이 얽히고설켜서 하루가 10년 같은 똑같은 광경이 매년 반복되는 것이 답답할 뿐이다.

또 일상에서도 '조금만 시간을 피하면 차량 행렬도 사라질 텐데.'라는 광경을 여기저기서 볼 수 있다. 금요일 저녁이나 월급날, 주말, 월초 은행의 현금자동인출기 앞, 점심때의 오피스가의 레스토랑이나 식당에 늘어선 행렬도 마찬가지이다.

지금은 주말 행사 중 하나가 된 '로또 복권' 구입 광경도 그렇다.

줄을 섰다고 해서 은행의 예금 잔고가 늘어나는 것도 아니고 라면집이 번성하는 것도 아닌데, 더구나 20~30억에 당첨될 확률이 높아지는 것도 아닌데, 사람들은 불평 한마디 없이 얌전하게 줄을 서고 있다. 시간이나 날짜를 조금 피하면 쓸데없는 시간을 보내지 않아도 될텐데 하고 생각한 적이 한두 번이 아니다.

각자 사정이나 생각이 있을 테니 천편일률적으로 '쓸데없는 시간', '시간의 낭비'라고 단정할 수 없지만, "줄을 서는 건 절대로 싫다."라는 사람은 피크가 지나고 '시간차 공격'을 꼭 실천해 보기를 바란다.

아침 출근시간에 관해서는 '탄력적 근무시간제' 회사가 아닌 한 멋대로 '시간차 출근'은 할 수 없지만, 이상한 것은 퇴근시간의 전철이나 버스에 아슬아슬하게 뛰어드는 풍경이다.

한 시간에 몇 대밖에 전철이 오지 않는다면 몰라도 이런 광경은 도심 터미널 역에서도 흔히 볼 수 있다. 다음 전철이 오기까지 5~6분 정도만 기다리면 될 텐데 굳이 혼잡한 전철 안으로 뛰어든다. 한 대만 보내도 잘만 하면 집까지 앉아서 갈 가능성도 있는데 5~6분 빠른 귀가를 위해 뛰어든다. 5분이 아까워서 30분을 서서 가는 것보다, 5분 기다려서 이동시간을 유효하게 사용하는 편이 시간 관리술이라고 할 수 있을 것이다.

5장

현명한
스케줄표
작성법

스케줄을 1시간으로 나눌까, 30분으로 나눌까?

수첩, 전자수첩, 다이어리 등 누구나 일정을 관리하는 수첩을 가지고 있을 것이다. 흔히 바쁜 것을 표현하는 말로 '분 단위의 스케줄'이라는 말을 쓴다. 대기업 CEO나 저명인사가 아닌 이상 분 단위로 수첩에 스케줄을 적는 사람은 없을 것이다.

그렇지만 어쩌다 예정이 겹쳐서 기입란이 새카맣게 되는 경우도 있다. 다이어리에 기입하는 최소 사항은 시간, 상대의 이름(회사명), 장소지만 약속이 잡히는 일정을 순서대로 적다보면 자신이 불필요한 일을 하고 있는 것이 아닌가 하고 느껴지기도 한다.

알기 쉽게 예를 들어보면 아침 일찍 서울역에서 약속이 잡혀 있고, 다음에 동대문, 점심시간을 끼고 시청, 그다음 청량리에서 약속이 있다고 하자. 외근이 주 업무인 영업사원이라면 절대로 이렇게 비효율적인 일정을 짜지 않겠지만, 평소에 약속을 하나씩 정하고 있다면 이런 날도 발생할 수 있다.

예를 들어 앞의 약속의 장소인 서울역 → 동대문 → 시청 → 청량리의 순서를 동대문과 시청을 바꾸는 것만으로 이동시간을 절약할 수 있다. 시간 절약뿐 아니라 쓸데없이 체력을 소모할 필요도 없다.

전날 이 사실을 깨달았다면 상대나 약속 내용에 따라 달라지겠지만, 실례가 되지 않는 범위 내에서 시간이나 장소를 변경할 수 있을 것이다.

또 당신은 예정을 짤 때 1시간 단위로 정하는 유형인가, 아니면 30분 단위로 정하는 유형인가? 중요한 일이 아닌 이상 15분 단위로 정하는 사람은 드물다. 의외로 이 1시간인지 30분인지에 커다란 차이가 숨겨져 있다.

앞에서 자신만의 시간 척도를 가지라고 했는데 이것은 그 응용편이라고 할 수 있다. 복수의 스케줄을 짤 때에는 가능하면 30분 단위의 시간설정을 하는 편이 효율적으로 움직일 수 있다.

왜냐하면 '예정은 미정'이라는 말처럼 1시간으로 예상하고 있던 약속이 30분 만에 끝나거나 45분 만에 끝나는 경우도 있는가 하면 1시간을 넘기는 경우도 다반사이다. 예정보다 길어질 경우에는 "미안하다. 다음 약속이 잡혀 있어서……." 하고 상대방에게 말하고 끝낼 수 있지만, 30분 만에 끝난 약속을 "다음 약속까지 아직 시간이 있는데 30분 정도 더 얘기하자."라고 할 수는 없다.

즉 '분 단위'는 아니지만 '1시간'을 '30분 단위'로 바꾸는 것만으로도 알찬 시간을 보낼 수 있고 빈 시간을 주체하지 못하는 일도 없을 것이다.

친하지 않은 사이에는 30분 단위의 스케줄이 거북하거나 효용을 실감할 수 없지만, 실천하는 사이에 점차로 깨달을 수 있다. 구체적으로는 그다지 급한 내용이 아니면 30분으로 일정을 잡고, 보통의 약속이라는 1시간, 길어질 것 같으면 1시간 반이라는 스케줄 일정을 잡는 것이다.

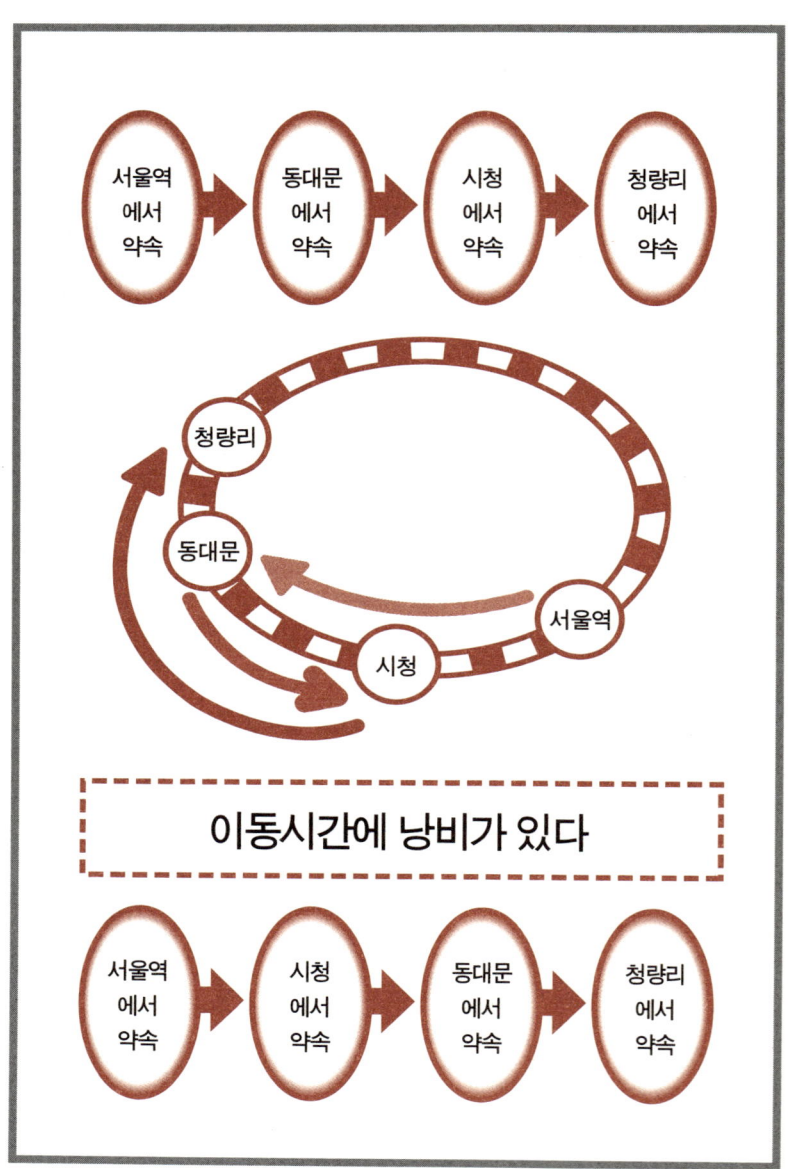

스케줄표가 비었을 때
무엇을 하는가?

다음 날 일정을 확인하려고 수첩을 펼쳐보니 아무것도 적혀 있지 않으면 당신은 어떻게 하는가?

① 내일은 느긋이 컴퓨터 작업을 할 수 있다고 생각하고 무엇을 해야 하는지 머릿속으로 정리한다.
② 당황해서 거래처에 연락해서 스케줄을 잡아나간다.
③ 평소에 하고 싶어도 할 수 없었던 일을 하기 위해 임시 스케줄을 적는다.

스케줄표가 공란일 때 불안을 느끼는 사람이 있다고 한다. 그

137

러나 대부분의 사람은 적어도 안도하거나 해방감을 느끼지 않을까? 그래서 ①과 같은 행동을 취하는 사람이 많은 것 같다. 자신은 ②라고 생각하는 사람은 어느 쪽인가 하면 '불안을 느끼는 유형'으로 시간의 유효이용이라는 점에서는 바람직하지 않으며 자신의 시간을 온전히 사용하지 못하고 있는 '일 중독증' 유형이라고 할 수 있다. ③의 유형은 시간에 대해 상당히 의식이 높은 사람으로 '임시 스케줄'이라는 것은 '이면 스케줄'이라고 할 수 있는 것으로, 수첩에는 업무 약속처럼 적어놓지만 사실은 그 시간을 일과 관계없는 개인시간으로 할애하려고 생각하는 사람이다.

굳이 권장할 수는 없지만 시간술이라는 관점에서 보면 ③의 사람이 상황에 따라서 가장 임기응변적인 대응을 할 수 있는 사람이라고 할 수 있다.

약속이 없어도 처리해야 하는 일이 산더미처럼 쌓여 있는 사람도 있을 것이다.

유능한 사람은 의식적으로 일주일에 하루 정도는 주중에 숨 돌릴 수 있는 시간을 만들기도 한다. 게다가 그를 위해 무리하게 야근을 하는 일도 없고 해야 할 일을 하면서 항상 여유를 가지고 일을 처리하고 있다. 겉으로는 절대로 바쁘게 보이지 않는 사람이 이런 사람이라고 할 수 있다. 시간을 손 안에 넣고 시간에 쫓기지 않으면서 능숙하게 조정하는 사람은 어딘지 여유가 있는 듯이 보이기 마련이다.

이 "시간을 손 안에 넣고 능숙하게 조종한다."라는 것은 대단한 일로, 말처럼 간단한 것이 아니다. 원래 시간을 관리한다는 근본이 여기에 있다. 어느 정도 지위와 권한이 있는 사람이 아니면 좀처럼 실천하기 어렵다.

왜냐하면 약속이나 회의, 미팅 등은 상대의 시간과 자신의 시간과의 중첩이니 입장의 차이가 있어도 자신의 형편에 맞춰서 모든 스케줄을 세울 수 없기 때문이다.

따라서 대기업 CEO라면 대부분 상대가 시간을 맞춰주기 때문에 아무리 많은 스케줄이 잡혀 있어도 여유를 느낄 수 있는 것이다.

앞의 ①~③ 이외에 ④를 덧붙인다면 "잘됐다, 휴식을 취하자."라고 하는 유형이 될 듯하다.

3

예정대로 만사가 진행되지 않는 것은 당연한 일이다

앞에서 '예정은 미정'이라고 했듯이 스케줄대로 만사가 순조롭게 진행되는 경우가 적은 것이 현실이다. 대체로 시간이 모자라거나 도중에 비거나 한다.

그렇게 되지 않기 위한 예방법과 그런 사태에 직면했을 때의 대처법에 대해서도 앞에서 설명했지만, 여기에서는 '시간이 모자랄 때'의 대처법에 대해 다시 한 번 자세하게 설명하겠다.

시간의 효율이 좋은 스케줄을 세우는 사람일수록 아주 작은 어긋남이 모든 일정에 영향을 끼친다. 택시를 타고 이동하거나, 최종적으로는 점심시간을 줄이면서까지 시간을 아끼지만, 그럼에도 어쩔 수 없는 상황에 빠지는 경우가 있다.

예를 들어 약속이 5건 잡혀 있던 일정이 2건째에서 어긋났다고 하면 당신은 어떻게 하는가?

① 남은 3건의 약속 상대에게 연락을 해서 시간을 연기한다.
② 먼저 늦어진 것을 만회하기 위해 1분이라도 빨리 다음 약속 장소로 향한다.
③ 스케줄 수첩을 다시 한 번 천천히 살펴보고 나서 예정을 다시 세운다.

①이라고 대답하는 사람이 가장 많을 것이다. 하지만 ①은 효율적이라고 할 수 없다. 약속이 3건이라면 어떻게든 되겠지만 5건이나 6건이나 잡혀 있다면 연락을 취하는 것도 큰일이지만 조정하는 것은 더 어렵다. 게다가 모든 상대에게 피해를 주게 된다.

고지식한 사람은 ②를 선책할지도 모르지만, 이것은 노력은 많이 하지만 보답받지 못하는 행동이 되기 쉽다. 아무리 땀범벅이 돼서 약속 장소에 달려갔다고 해도 지각을 한 사실은 어쩔 수 없기 때문이다.

그럼 ③은 어떤가? 스케줄 수첩을 다시 살펴보면서 머릿속에서는 이후의 약속 내용의 확인과 확보하고 있는 시간을 재검토하고 있다. 1시간으로 잡아놓은 약속시간을 30분으로 단축할 수 없을까, 1시간 반 예정을 1시간으로 할 수 없을까, 하고 냉정하게 검토하고 있는 것이다. 다음 약속 상대와의 시간으로 조정할 수 있다고 하면 전화를 하는 것은 이 1건만으로 끝낼 수 있다.

하지만 아무래도 시간단축이 어려운 경우도 있다. 그럴 때에는 약속 상대를 재검토해 보자. 가장 친한 약속 상대에게 전화를 해서 허심탄회하게 날짜를 연기해 줄 것을 부탁한다.

만약 모두 소홀히 할 수 없는 사람이라면 어떻게 하는가? 그럴 때에는 거짓말도 방편이다. 가장 사람이 좋을 것 같은 상대에게 갑자기 복통, 현기증, 교통사고 등 악의 없는 거짓말을 하고 스케줄 변경을 부탁하는 수밖에 없다.

'예정은 미정'이니 사전에 예비시간을 설정해 두는 것도 효과적인 예방책이다. 마찬가지로 '몇 시 전후'라는 애매모호하게 시간을 설정해 두는 방법도 있다.

4

무엇을 위한
스케줄표인가?

　다른 사람의 스케줄 수첩을 볼 기회는 없지만 십인십색으로 수첩의 종류에서부터 기입 방법, 내용 등은 사람마다 다르다.

　작은 글씨로 꼼꼼하게 기입하는 사람이 있는가 하면, 흘림체로 '몇 시, 누구누구' 밖에 기입하지 않는 사람도 있다. 원래 스케줄은 본인만 알 수 있으면 되기 때문에 타인이 이러쿵저러쿵 말할 여지는 없다. 여성은 일과 개인 일정을 색깔로 구분하거나, 마크나 그림 등을 이용해서 다른 사람이 보면 재미있게 보인다.

　최근에는 컴퓨터나 휴대폰에 들어 있는 스케줄 관리기능을 이용하는 사람도 있다. 곤란한 것은 별다른 스케줄 수첩을 가지고 있지 않은 사람이다. 그때그때 메모용지를 이용하거나 기억력에 의존하는 사람이다. 스케줄 수첩을 몇 개 가지고 있는 사람도 마찬가지이다.

'나는 기억력이 좋아서 머릿속에 입력해 두면 괜찮다.' 라고 하는 사람이 아무렇지 않게 약속을 지키지 않는다. 그런데 정말로 중요한 회의나 약속은 잊어버리지 않는 것을 보면 머릿속으로 우선순위를 매겨서 기억하고 있는지도 모른다.

스케줄 수첩에 어중간하게 쓰거나 쓰지 않는 사람이 가장 문제를 일으키기 쉬운 사람이다. 약속시간이 지나도 오지 않는다는 불평 전화가 오거나 약속을 이중으로 잡아서 허둥지둥 대는 것은 대체로 이런 유형의 사람이다.

복수의 스케줄 수첩을 가지고 있는 사람도 써놓았는데 어디에다 써놓았는지 모르거나, 한 개의 스케줄 수첩밖에 보지 않아서 잊어버리는 경우도 있다.

한편 스케줄 수첩을 과신하는 것도 좋지 않다. 집에 스케줄 수첩을 놓아두고 온 경우에는 아무것도 할 수 없다.

이렇게 되면 자신의 예정을 관리할 목적으로 만든 스케줄 수첩에게 반대로 지배를 당하는 역전현상이 일어난다.

본래 스케줄 수첩은 시간을 원만하게 관리하기 위한 목적으로 만드는 것이기 때문에 사람에 따라서는 스케줄 수첩을 메우는 것이 목적이 돼서 새까맣게 메워진 스케줄 수첩을 보며 '오늘도 충실한 하루를 보낼 수 있을 것 같다.' 라고 만족해 하며 안심하는 사람조차 있다.

스케줄은 세우는 것이 목적이 아니라 그것에 따라 실행하는 것에 의미가 있다는 것을 착각해서는 안 된다.

스케줄을 기입하는 것이 목적이 되면 본래의 목적인 각각의 약속시간에 대해 책임감이 없어지고 긴장감조차 없어진다.

그래서 '그런 약속을 했었나?' 하고 까맣게 잊어버리기 쉽다. '예정의 관리가 목적' 이라는 것을 잊지 말아야 한다.

5

개인 스케줄을
쓰는 의미

　다이어리와 같이 내지(內紙)를 바꿀 수 있는 수첩을 사용하고
있는 사람은 잘 알고 있는 것처럼, 매년 바꾸는 스케줄 기입부분
은 대부분 월, 주일, 일의 세 가지 요소로 구분되어 있다.

　반년 후까지 일정이 꽉 찬 사람도 있겠지만 대부분의 사람은
한 달 단위나 일주일 단위로 스케줄을 세우고 있다. 직장인은 일
주일 단위가 기본일 것이다.

　대체로 지난주에 일정을 잡거나 약속을 잡는 연락을 하거나 다
음 주의 예정이 차례로 채워지는 것이 통상적인 예이다. 그래서
금요일 저녁까지는 다음 주 업무 일정이 거의 정해지고, 수첩을
보면 '다음 주는 꽤나 힘들겠군.' 또는 '목요일쯤에는 내근을 할

수 있겠군.' 하고 대강의 상황을 그려 볼 수 있다.

물론 갑자기 "내일이나 모레, 시간이 있는가?" 하고 연락이 오면 내근으로 잡아놓았던 날은 사라진다. 이때 모든 스케줄을 자신의 사정만 고려해서 세운 사람은 곤란해질 것이다. 상대방의 상황과 자신의 상황을 고려해야만 약속이 성립되기 때문이다.

개인시간은 그 사이사이에 취하는 것이 일반적이다. 막상 사적인 스케줄을 잡으려고 해도 넣을 여지가 없을 때에는 '바쁘다.' 라는 것을 실감하게 될 것이다.

시간 관리가 능숙한 사람은 업무 일정과 개인 일정의 균형을 잘 조정하는 사람이라고 할 수 있다.

하루와 일주일이 일만 하다 끝나버리면 누구나 스트레스가 쌓이고 의욕도 상실할 것이다. 중간에 자신이 좋아하는 시간이 들어있으면 기분전환을 할 수 있고 업무 능률도 올라갈 것이다.

이렇게 생각하면 스케줄 수첩에 업무 일정을 기입할 때에는 반드시 개인 일정도 집어넣을 필요가 있다.

'오늘은 힘들겠지만 일을 다 끝내면 내일은 내가 하고 싶은 걸 할 수 있다.' 라는 목표가 있는가, 없는가에 따라 동기부여는 완전히 달라진다. 즉 자신이 자신의 앞에 '당근' 을 매달아 놓는 것이다.

스케줄 수첩에 업무 일정밖에 기입하지 않는 사람도 있는데 이래서는 목표의식이 희박해지고 '내일 하면 어때.' 하고 그날 해야 할 일을 미뤄버리기 쉽다. 실적을 올리고 있는 사람은 놀고 있는 것처럼 보이지만 이런 '끊고 맺음'이 능숙한 유형이다. '끊고 맺음'이 능숙한 사람이라는 것은 스케줄을 세우는 방법이 능숙한 사람이라는 것과 일맥상통한다.

"시간은 자기 자신의 것."이라는 대전제를 세우고 스케줄 관리를 실천하고 나서야 예정대로 만사를 완수하는 성취감도 맛볼 수 있다는 말이다.

6

임기응변 스케줄을
세워서는 안 된다

일을 할 때 순서나 단계를 생각하지 않고 그저 막연히 진행하면 능률이 올라가지 않는 것처럼 스케줄을 세울 때에도 무작정 세우면 작업이나 업무가 혼란해지고 시간과 금전의 낭비가 발생한다. 그래서 늦어진 일을 만회하기 위해 매일 야근을 하거나 휴일에도 출근을 하게 된다.

이래서는 효율이 떨어질 뿐만 아니라 악순환이 반복되고 업무 자체에 싫증을 내게 된다.

이런 악순환을 해소하기 위해서는 먼저 스케줄을 세울 때에는 최종기일을 정하는 것에서 시작해야 한다. 원래 기일이 정해져 있는 작업이라면 거기서 역산해서 일정을 거슬러갈 수가 있다.

이렇게 하면 목표일까지 하루에 최소한 어느 정도의 일을 해야만 하는지, 어느 정도 시간이 필요한지 가늠할 수 있다. 그렇게 현재의 상황을 파악하고 '늦었는지', '작업 속도가 이대로 좋은지'를 판단할 수 있다.

이렇게 하지 않고 '우선 하고 보자.' 라는 식으로 시작하면 자신이 처한 상황조차 파악할 수 없다. 기일까지 시간이 촉박한 데도 갑자기 다른 일을 맡아서 나중에 큰 낭패를 겪기도 한다.

반대로 일을 분배하여 여유가 있는 것을 알고 있으면 다른 일을 부탁받았을 때 "지금 바쁘다."라고 무턱대고 거부하지 않고, 할 수 있을지 가늠할 수도 있다.

대부분의 사람은 최종기일이나 마감일을 들은 후에 그 일을 승낙할지 거절할지 판단한다. 어쩌다 "평소 하던 대로 하면 된다."거나 "급한 일이다."라고 애매모호하게 의뢰하는 상대도 있다.

일단 그 일을 맡게 되면 황당한 일을 겪을 수도 있다. 서로 '평소에 하던 대로' 라는 인식에 3~4일의 오차가 있다면 원망 섞인 재촉을 받게 될 것이다. '급하다.' 는 것이 사실은 '아주 급한' 경우에는 '그렇게 바쁜 것이라면 승낙하지 않았다.' 라고 후회를 할 것이다.

또 일을 준 사람에 대해서 오히려 이의를 제기하는 사람도 있다. 무슨 말인가 하면 발주자가 정한 납기일을 듣고 "이 일에 그렇게까지 시간을 쓸 수는 없다. 비용 대비 효과를 생각하면 그 시간의 반 만에 완성해야 하는데 그래서는 적자다."라고 말하고 있는 것이다.

"그 보수로 내가 그만큼의 시간을 들일 만큼 수지타산이 맞지 않는다."라는 것을 암시하고 있는 것이다. 즉 '좀 더 보수가 좋으면 시간을 들여서 확실히 하겠다.' 라고 말하고 싶은 것이다.

좋게 말하면 시간과 금전관리에 철저하다고 할 수 있지만, 굳이 발주처에 직설적으로 말할 필요는 없을 것이다.

어쨌든 일을 맡을 때나 스케줄을 세울 때에는 반드시 최종기일에서 역산하는 습관을 익혀두어야 한다.

당신은
어떤 유형인가?

　세상에는 어떤 일이거나 서로 상반되는 두 가지의 표현이 있다. '오늘 할 일을 내일로 미루지 말라.'와 '내일 할 수 있는 일은 내일 하라.'라는 것이 하나의 예이다. 그럼 당신은 전자와 후자 어느 유형인가?

　물론 시간 관리술이라는 관점에서 말하면 전자가 좋다.

　후자의 유형은 얼핏 "무리하지 말고 여유를 가지고 살아가야 한다."라고 말하고 있는 듯해서 매력적으로 들릴지도 모르지만 사실은 그렇지 않다.

　본래 그날 할 예정이던 일을 다음 날로 미루는 것이기 때문에 다음 날 할 일이 늘어날 뿐이다. 기한이 없는 일은 없으니 이런 행동을 반복하면 이러지도 저러지도 못 하고 기한을 3일 남기고부터는 한숨도 잠을 이루지 못하는 사태를 초래하기도 한다.

그렇게 되고 나서 '그때 예정대로 진행했으면……' 하고 후회해도 이미 엎질러진 물이다. 알고 있으면서 같은 일을 반복하게 되는 것이 인간의 본성이라고는 하지만 이래서는 예정을 세우는 의미가 없어진다.

작가들 중에는 "나는 마감을 어긴 적이 없다."라는 말을 자랑스럽게 말하는 사람도 있다. 세상에 마감을 지키지 못하는 사람들만 있다면 그것은 충분히 자랑할 만한 일이다.

소년주간 만화지 연재를 오랫동안 해온 만화가들 중에도 "연재를 빼먹은 적이 없다."고 말하는 사람이 있다는 말을 듣고 깜짝 놀란 적이 있다. 주간지 연재를 몇 년이나 계속하는 사이에 큰 병에 걸리거나 감기몸살 한번 걸린 적이 없어서 철인이라고 생각했었는데, 사실은 여기에는 비결이 있었다.

그 사람은 "오늘 할 일은 오늘 한다."는 주의이며 "내일은 무슨 일이 생길지 모른다."라고 생각하는 사람으로, 여유가 있을 때에는 미리 연재만화를 끝내거나 예비만화를 탈고하고 있었던 것이다. 그래서 설사 2~3일 감기몸살로 앓아도 연재를 빼먹지 않았다고 한다.

존경할 만한 태도이다.

내일은 무슨 일이 일어날지 아무도 알 수 없다. 사고를 당하거나 큰 병에 걸리는 일조차 있다. 그럴 때 한두 번 연재를 할 원고가 있으면 관계자는 그 문제에 대처할 시간을 벌 수 있고 본인의 상황을 확인하면서 다음 방법을 찾을 수가 있다.

그렇게 쉬운 일은 아니지만 피해를 최소한으로 줄일 수 있는 강한 신념을 가져야 한다. 그렇지 않으면 스케줄을 세우는 의미가 없다.

하루의 시간을 잘 관리한다는 것은 미래(내일)에 부채를 남기지 않는 것이기도 하다.

154

8

스케줄을 세울 때에는
일을 뺀다

일을 맡을 때에는 최종기일부터 역산하자는 말을 했는데, 이번에는 뺄셈이다. 아무리 '숫자에 약한' 사람이라도 덧셈, 뺄셈은 초등학생도 할 수 있는 수학이니 절대로 뒷걸음질 칠 필요는 없다.

어떤 일을 맡게 됐다고 하자. 이 시점에서 당신의 머릿속에는 최종기한까지의 업무량 분배와 시간 분배가 완성되어 있을 것이다. 그러나 현실은 예정대로 진행되지 않는다. 대부분 늦어지는 것이 일반적이다.

그래서 기한까지 균등하게 할당한 업무량이 후반이 되면서 서서히 늘어난다. 그런 상태가 보이기 시작하면 이미 스케줄은 사라지고 '어떻게든 날짜만 맞추면 된다.' 라는 자포자기 상황에 몰리게 된다. 이래서는 스케줄을 세우는 의미도 없고 일을 깔끔하게 할 수도 없다.

여기서 뺄셈이 등장한다. 맡은 일의 양을 100이라고 한다면 반을 끝내면 50이 된다. 그럼 일의 반을 처리하는 데 걸린 시간은 예정의 반일까? 반이라면 일은 순조롭게 진행되고 있는 것이니 당황할 필요는 전혀 없다. 반의 예정이 60퍼센트를 소요했다면 남은 시간은 40퍼센트, 분명히 늦었으니(덧셈이 된다.) 그 시점에서 하루의 업무량을 늘리는 스케줄로 다시 세워야 한다.

이렇게 전체 업무량에서 처리한 업무량을 빼고, 전체 시간에서 소비한 시간을 빼서 새로운 스케줄을 다시 세워나간다. 항상 자신의 일을 점검하면서 그때마다 속도를 재조절하는 것이다.

즉 전날의 일을 다음 날로 넘겨서 다음 날의 업무량에 더해지지 않도록 감시하는 의미의 뺄셈이다.

여기에서도 앞에서 설명한 '오늘 할 일은 오늘 한다.' 라는 교훈이 강조되는 것이다. 매일의 뺄셈이 분명하지 않으면 최종기한이 다가올수록 하루의 업무량이 더해져서 처리해도 끝이 없는 상황에 빠진다.

'내일도 있으니까.' 하고 생각하다 보니 어느새 내일이 최종기한이거나, '아직 3일이 남았다.' 라고 생각하고 있었는데 하루를

156

몸살로 허비하는 경우도 있다. 매일 착실하게 뺄셈을 하는 습관을 몸에 익혀야 한다.

또 속도를 조절할 때 전반에 총 업무량의 60퍼센트를 처리하는 스케줄을 세우는 방법도 있다. 이것은 후반이 되면 될수록 일이 더해지는 사태를 미리 예견하고 전반에 업무량을 빼버리는 방법이다.

업무량이 터무니없이 늘어나서 도저히 처리할 수 없는 상황을 권장하는 것이 아니다. 그러나 여유가 있으면 정해진 업무량에 따를 필요 없이, 미리 일을 처리할 수 있다면 처리하는 것이 가장 좋다.

가능하면 예정된 시간을 남긴 채 총 시간이 제로가 되는 것이 이상적이다. 이럴 때에 업무를 최적으로 처리할 수 있다.

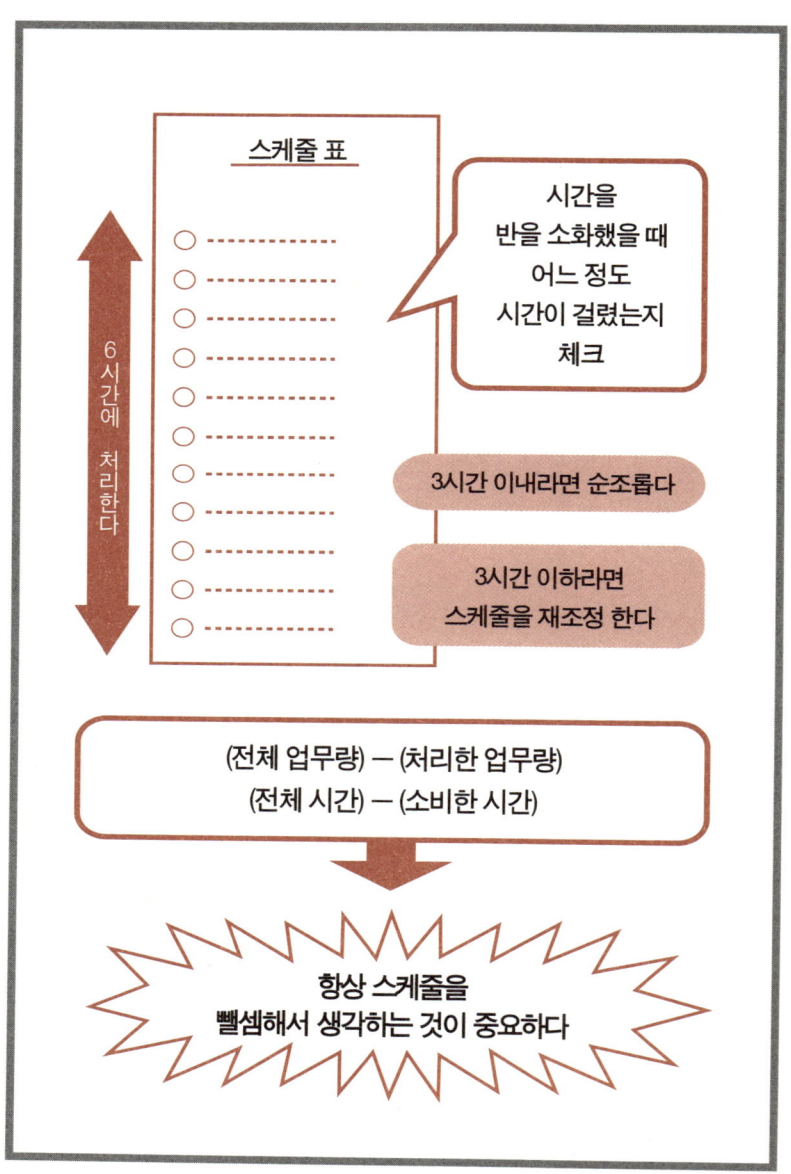

스케줄 변경에
어떻게 대처할 것인가?

　앞에서 "자신이 세운 스케줄은 반드시 실행한다."라고 말했지만, 이것을 "무슨 일이 있어도 스케줄을 우선해서 모든 일을 하자.'라고 받아들이지 않기를 바란다.

　앞에서도 언급했듯이 '예정은 미정'이다. 예정대로 진행되지 않는 경우가 더 많다.

　일은 살아 있는 생물과 같이 유동적인 것이기 때문에 시시각각 상황이 변한다. 그 변화에 역행해서 혼자만 완고하게 스케줄을 고집해서는 본말전도(本末轉到)가 되기 쉽다.

　스케줄을 세우는 의미는 시간 관리를 위한 수단이자, 그 목적은 일을 효율적으로 진행시키고자 하는 점에 있다. 따라서 상황이 변하면 그것에 맞춰서 스케줄을 변경하는 것이 당연하다. 얼마나 상황에 따라 변경할 수 있는지도 시간 관리술의 하나이다.

다시 한 번 복습하면 자신이 세운 스케줄은 가능한 한 실행해야 한다. 단 상황이 변했을 때에는 그 상황에 맞춰서 적절하게 대응할 수 있어야 한다. 이것이야말로 능숙한 시간 관리술의 비결이다.

상황이 변했다는 것은 당신이 머릿속에 그리고 있던 일의 우선 순위도 당연히 바뀔 가능성이 있다. 극단적으로 말하면 지금 하고 있던 일이 우선순위의 상위에서 제외되는 일조차 없다고는 할 수 없다.

만약 그래도 도중까지 하고 있던 일이라고 해서 갑자기 최우선 순위가 된 일을 하지 않고 그대로 그 일을 계속하는 것은 난센스 이다. 이래서는 스케줄에 속박된 것과 마찬가지이다.

그런데 당신은 만사의 우선순위를 고려할 때 '싫은 일', '시간 과 수고가 요하는 일'을 우선 하는가, 아니면 '좋아하는 일', '간 단한 일'을 먼저 하는가?

물론 '긴급을 요하는 일부터 손을 댄다.'라는 전제하에서이다. 그것과는 별도로 어느 쪽을 우선하는 것이 좋은가, 하는 것은 어 려운 문제이다.

좋아하는 음식을 처음에 먹는가, 마지막까지 남겨두는가 하는 선택과도 비슷한 듯하지만, 좋아하고 싫어하는 것만이 아니라 효율의 문제가 연관되어 있기 때문에 좀처럼 즉석에서 답을 하지 못하는 사람도 많을 것이다.

'좋아하는 것은 미루어서 한다.'라고 하는 사람은, 좋아하는 것부터 시작하는 편이 효율적으로 만사를 처리할 수 있다고 생각하는 사람으로, '싫어하는 일부터 처리한다.'라고 생각하는 사람과는 반대의 의견일 것이다. 시간을 오래 들이지 않고 싫어하는 것을 처리하는 의미에서는 후자가 효율적이라고 할 수 있다.

그럼 자신의 의지나 의도했던 것이 아니라 상대의 사정이나 상황의 변화로 불가항력적으로 예정을 변경해야만 하는 경우에는 그 변화에 얼마나 빨리 대응하고 다음의 행동으로 옮기는가가 중요해진다.

흔히 다음 행동으로 옮기기 전까지 불평을 하거나 불만을 터트리는 사람이 있다. 그렇게 해서 사태를 원래대로 되돌릴 수 있다면 몰라도 그렇지 않다면 하루 빨리 변화를 받아들이고 새로운 전개를 즐기는 편이 훨씬 현명하다.

6장

시간의 낭비는
인생의 낭비이다

시간의 낭비란
무엇인가?

"인생에서 낭비하는 시간은 없다."라고 말하는 사람이 있다. 확실히 시간은 인생의 파트너이기 때문에 인생이 끝났을 때까지 낭비였는지, 아니었는지는 알 수 없다는 말이기도 하다.

단지 우리들은 일상생활을 보내는 중에 '오늘은 쓸데없는 시간을 보냈다.' 라고 생각할 때가 종종 있다. 그럼 이 '쓸데없는(낭비) 시간' 이란 도대체 무엇인가? 자신이 의도하지 않은 시간, 목적을 달성하지 못한 시간, 아무것도 할 수 없는 시간, 아무것도 하지 않은 시간 등등 사람에 따라서 그때의 상황에 의해 달라질 것이다.

예를 들어 '헛걸음을 했다.' 라는 말이 있다. 어떤 사람을 방문

했는데 만나지 못했을 때 쓰는 말이다. 이것은 목적을 달성하지 못한 시간을 가리킨다. 또 '헛수고를 했다.' 라는 말도 있다. 노력이 보답받지 못했을 때에 사용하기 때문에 이것도 목적을 달성하지 못한 것을 가리킨다.

영업을 하고 있는 사람은 자신의 회사 제품을 판매할 목적으로 방문판매를 한다. 그러나 모든 방문지에서 구입계약을 성사시킬 수는 없다. 종일 10곳을 돌아서 한 곳에서 계약을 성사시켰다고 한다. 그럼 나머지 9곳은 헛걸음이었나 하면 그렇지 않다. 어디까지나 10곳을 방문한 결과가 한 곳인 것이다. 따라서 '우연히 첫 방문지에서 계약을 성사시켰다고 해서 그날의 몫을 달성했으니 더 이상 아무것도 하지 않아도 된다.' 라는 말도 아니다.

한 베테랑 세일즈맨이 자신의 신입 시절의 경험담을 들려주었다. 우연히 방문한 독거노인과의 대화가 길어져서 정신을 차려보니 그는 자신의 일에 대해 불평만 토로하고 있었다고 한다. 그 노인에게는 필요 없는 상품 판매였기 때문에 평소라면 서둘러 자리를 떴을 텐데, 자신의 할아버지와 같은 연령대의 노인의 온화한 미소 때문이었는지, "차라도 마시고 가게." 라는 말을 듣자 그대로 눌러앉게 되었고, 마지막에는 "근처에 오면 또 들리게." 라는 말까지 들었다고 한다.

그날은 예상 외로 계약을 하나도 성사시키지 못하고 '쓸데없는 데 시간을 보냈다.'라고 후회했다고 한다. 몇 개월 후 같은 동네를 둘러볼 기회가 있어서 그날은 이미 성사시킨 계약도 있고 해서 그 노인을 찾아갔다.

그러자 노인은 "기다리고 있었네."라고 말하며 책상 서랍에서 여러 장의 종이를 꺼네주었다. 그것은 노인이 다니는 바둑교실 동료들의 주소와 이름이 적힌 메모지들이었다. 예전에 들은 이야기를 틈이 날 때마다 동료들에게 해주었더니 "한번 구입해 보고 싶다."라는 의사를 밝힌 사람들의 명단이었다고 한다.

다음 날부터 노인이 가르쳐준 주소와 바둑교실을 방문해서 영업을 하자 무려 80퍼센트 확률로 계약이 성사됐다고 한다.

그 이후로 그의 영업에 대한 자세가 180도 바뀌었다고 한다. 구입하는가, 아닌가는 결과일 뿐이다. 결과는 어떻든 간에 사람은 어떤 인연에 의해 인생의 아주 작은 한때를 공유하게 된다. 그 인연을 소중하게 여기고 성심성의껏 대하면 낭비라고 생각한 시간이 몇 배의 시간으로 되돌아온다는 것을 깨닫게 되었다고 한다.

이런 얘기를 들으면 어떤 시간을 낭비하는지, 의미 있게 만드는지는 그 사람의 생각하기 나름이라는 생각을 했다(169쪽 참조).

예전부터 큰 발명이나 발견은 낭비나 우연의 축적 속에서 태어난다고 한다. 인생에서 큰 실패를 겪고 당시에는 '왜 그렇게 바보 같은 짓을 했을까.'라는 생각이 들어도 시간이 흘러서 그 경험에서 큰 성공을 쟁취하는 사람도 세상에는 많이 있다. 성공한 사람의 입지전 등에 그런 예는 수 없이 많다.

예술이나 미술, 시나 문학 등도 사실은 옆에서 보면 '쓸데없는 일'을 하고 있다는 말을 듣는 속에서 탄생한 것이다. 일상생활에 쫓기고 저녁노을을 바라볼 여유도, 새들의 울음소리에 귀를 기울일 여유도, 들에 핀 꽃을 바라볼 여유도, 밤하늘의 별을 올려다보며 숨을 들이킬 여유도 없는 사람에게서는 절대로 사람의 마음을 감동시킬 작품은 태어나지 않았을 것이다.

같은 시간이나 공간을 공유해도 그 시간이 쓸데없는 것으로 끝나버리는지, 유의미한 것으로 변화시키는지는 그 사람에게 달려 있는 것이 아닌가?

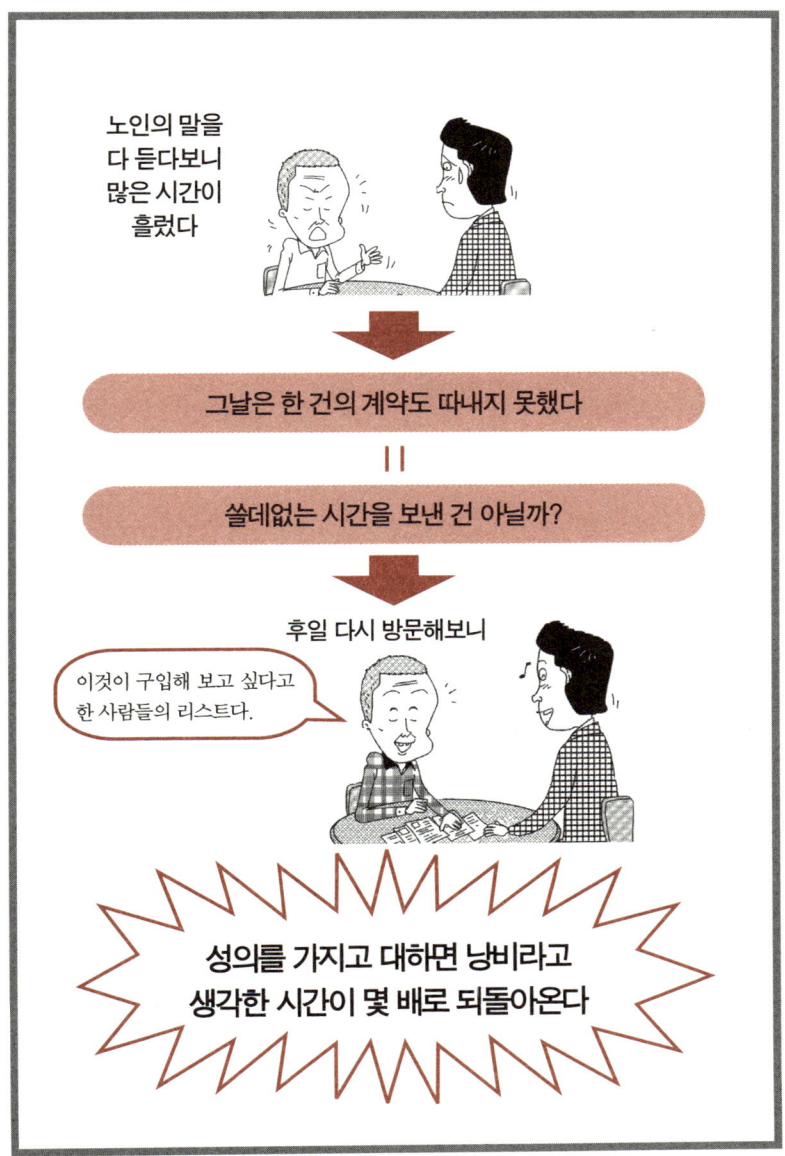

낭비시간이
즐거운 시간으로 바뀐다

우리의 비즈니스맨에게는 '사교나 접대도 업무의 연속' 이라는 암묵적인 양해가 있다. 회사 규모나 업종, 부서에 따라서는 다르겠지만 과장이나 부장급이 되면 '업무의 연속' 이라기보다 업무의 대부분이 '사교나 접대' 가 되어버린 사람들이 있다.

'사교나 접대' 라는 말로 표현했지만 회사 내에서의 '교류' 와 거래처와의 '접대' 는 의미가 전혀 다르다. 부하와 교류하건 상사와 교류하건 '교류' 는 말 그대로 강제하는 것이 아니다.

부하직원이라면 "오늘 퇴근하고 한잔 하지 않겠나?"라는 상사의 권유를 받거나 "부장님, 오늘 퇴근하고 한잔 하시지 않겠습니까?"라고 상사에게 말을 할 것이다. 상사의 경우는 그 반대일 것이다. 상사의 권유는 특별히 할 말이 있는 것이 아니지만 '격려' 차원의 가벼운 권유이기 때문에 선약이 있으면 분명하게 거절해도 괜찮다. 부하로부터의 권유는 분명히 회사에서는 말할 수 없는 내용일 가능성이 높기 때문에 상사로서는 무조건 거절할 수는 없다.

상사로부터 권유를 받으면 "또 자기 자랑 이야기나 늘어놓겠군." 하고 억지로 가게 된다면 권유한 상사에게는 시간의 낭비일 뿐이다. 또 부하직원에게 한잔 하자는 말을 듣고 "또 불평불만만 늘어놓겠군."이라고 생각한다면 상사도 시간의 낭비를 하게 된다.

한편 접대를 받거나 접대를 하는 것은 비즈니스의 연속이기 때문에 아무런 이유 없이 거절할 수는 없다. 아무리 싫은 상대라도 실례가 되지 않도록 대접하거나 접대받고, 개인의 재량을 넘어선 행동을 해서는 안 된다. 일상 업무 이상으로 귀중한 시간이 되는 경우도 있다.

교제나 접대를 거북해 하거나 자신에게는 쓸데없는 시간이니 피하고 싶어 하는 사람도 있다.

우리 사회의 "술을 마시며 교류를 한다."라는 독특한 비즈니스 풍습에서 알 수 있듯이 평소에 거절만 하는 동료는 따돌림을 당하기 쉽다.

아무리 낭비라는 생각이 들어도 그 시간을 낭비하지 않아야 한다. 술을 좋아한다면 '오늘은 술을 마실 수 있다.' 라고 생각하고 술은 마시지 못하지만 먹는 것을 좋아한다면 '오늘은 고급 요리를 먹을 수 있다.' 라고 생각하고, 술도 요리도 그다지 좋아하지 않는 다면 '2차는 노래방에서 노래 실력을 보여주자.' 라고 자신이 좋 아하는 것을 연상하고 유의미한 시간으로 바꾸는 것이다.

즉 만사를 긍정적 사고로 바꾸는 것만으로도 '낭비시간' 이 '즐거운 시간' 으로 바뀌는 것이다.

3

오감의
단련

사람은 24시간을 전부 사용하려고 하루의 일정을 세우는 것이 아니다. 그런 일은 불가능하다. 때로는 아무것도 생각하지 않고 멍하니 있는 시간이나 하늘을 바라보거나 밖의 풍경을 바라보는 시간이 없으면 긴장감에 무너져버릴 것이다.

또 일견 쓸데없이 생각되는 그런 시간 속에서 대단한 발견의 힌트를 얻었다는 이야기를 해보겠다.

당신도 본 적이 있겠지만 몇 년 전부터 TV에서 빈번하게 흐르는 자극적인 가발 광고가 있다. 쓰는 가발이 아니라 얇은 시트로 붙이는 유형이다.

그 탄생비화를 TV에서 방송하고 있는 것을 우연히 보았다. 방송에 의하면 어느 가발회사 사장이 점심시간에 구내식당에서 식사를 하고 있는데 회사 여직원의 말소리가 들렸다고 한다. 한 여성의 다리에 난 작은 상처에 대한 이야기였는데, 그 이야기 속에 "이건 벗기기 힘들고 눈에 띄지 않아서 좋아."라는 말이 들렸던 것이다.

이 한마디가 획기적인 가발 발명으로 이어졌다고 한다. 물론 가발회사 사장이어서 그 여직원의 한마디에서 힌트를 얻었는지 모른다. 하지만 이 일화에서 배울 수 있는 것은 많다.

첫 번째는 멍하니 있는 시간의 소중함으로 그럴 때에도 시각이나 청각과 같은 오감은 닫지 말고 열어두어야 한다는 것이다.

그리고 정보 수집은 인터넷이나 신문, 잡지 속에만 있는 것이 아니라는 점이다. 주변 사람들의 대화 속이나 거리의 풍경 속에도 중요한 정보는 넘쳐나고 있다.

그렇게 생각하면 이동시간을 유용하게 이용할 수 있다. 젊은 사람이 전철 안이나 걸어 다니며 이어폰을 끼고 좋아하는 음악을 듣고 있는 것은 어쩌면 무수한 정보로부터 귀를 닫고 있는 것일지도 모른다.

그 사장도 여직원들의 잡담에 귀를 기울이고 있었던 것은 아니지만 귀를 열고 있었던 것만은 분명하다. 그것이 획기적인 상품의 개발로 이어진 것이다.

174

이런 발명뿐만 아니라 사람과의 만남에 있어서도 오감을 단련해야 하는 중요성을 실감할 수 있다. 드라마나 영화 스토리 설정에서 사람과의 만남은 중요한 요소를 차지한다. 거기에는 눈이나 귀, 손이나 대화에서의 소통이 반드시 준비되어 있다.

남녀 주인공의 시간이 교차하는 순간에 오감에 의한 어떤 접점이 발생하지 않으면 이야기는 성립하지 않기 때문이다.

이상과 같이 쓸데없다고 생각하는 시간 속에서 아주 소중한 보물이 숨겨져 있는 가능성이 있다는 것을 깨달을 수 있다.

4

변명은
두 번의 낭비이다

모든 일에는 실패가 수반되기 마련이다. 연전연승, 백전백승으로 인생을 살아가는 사람은 한 사람도 없다. 만약 있다고 하면 슈퍼맨이거나 아무것도 하지 않는 사람일 것이다.

신입사원이라면 더 그렇다. 실패나 시행착오를 반복하면서 일을 배운다. 우리가 자주 쓰는 "비싼 수업료를 지불했다."고 하는 말도 있다. 자신이 저지른 실패를 살리기 위한 교훈이라는 의미이다. 실패한 일에서 받은 타격으로 필요 이상 좌절할 이유는 없으며, 마음을 새롭게 먹고 다시 일어서서 도전해야 한다는 뜻으로 사용된다.

한 번의 실패를 두 번 다시 범하지 않기 위해서는 겸허하게 실패의 원인을 분석하고 반성하여 다음으로 살려가는 것이 중요하다.

그런데 개중에는 분석이나 반성을 하기보다 먼저 변명할 생각을 하는 유형의 사람이 있다. 더구나 '변명의 달인'이라고 할 수 있을 만큼 유창하게 변명만 늘어놓는 사람도 있다.

변명은 우선 그 자리를 모면하기 위한 것이지 다음에 도움이 되는 것은 아무것도 없다. 그 자리를 모면하기 위해 원인의 분석이나 반성을 하지 않는다는 것은 아무런 교훈이나 배울 것이 없는 것과 마찬가지이다. 이런 사람일수록 반드시 똑같은 실수를 반복한다. 이래서는 이중 삼중으로 낭비만 반복하게 될 뿐이다.

그런 변명을 생각할 시간과 머리가 있다면 반성해야 할 것이다. 변명만 늘어놓아서는 아무것도 득이 되지 않지만 자신에게는 아무런 잘못이 없다고 생각하는 변명은 주위에 큰 피해를 주고 있다는 사실을 빨리 깨달아야 한다.

다음은 사업에 실패한 어떤 사람이 실제로 체험한 이야기이다.

회사가 위험에 직면하자 어느 날 변호사에게 의논하러 갔을 때이다. 본인은 회사를 망하게 했다는 죄책감과 공포심, 그리고 절망감에 머릿속이 백지상태였는데, 축 처진 어깨로 띄엄띄엄 이야기하는 그에게 변호사는 "그런 신세타령만 늘어놓아서는 어쩔 수 없어요. 당신이 해야만 하는 것은 지금의 상황을 냉정하게 돌아보면서 글을 써보고 어떻게 그렇게 되었는가를 정확하게 분석하는 것입니다." 하고 말했다고 한다.

그때는 사람이 이렇게 어려움에 처해 있는데 그렇게까지 매정하게 말할 필요는 없지 않나, 하고 생각했지만 시간이 경과함에 따라 생각을 고쳐먹고 사태를 냉정하게 분석하고 반성해야 할 곳을 써내려가는 사이에 책 한 권 분량의 재료가 쌓였다고 한다.

그 후 지인의 도움을 받아 비즈니스 책을 출판하고 지금은 전국을 돌면서 강연을 하고 있다고 한다.

무언가 실패했다면 그것에 들여온 노력, 시간이 물거품이 되는 것은 분명하다. 이미 엎질러진 물은 원래대로 되돌릴 수 없다고 마음을 고쳐먹고 그 원인을 철저하게 분석해야 한다. 여기서 배운 것이 언젠가는 그 낭비한 시간과 노력을 만회하는 데에 이어지기 때문이다.

5

기억에 의존해
물건을 찾아서는 안 된다

물건을 찾을 때 소요되는 시간의 낭비에 대해서는 앞에서 언급했지만, 여기서는 '기억에 의존한 물건 찾기'에 대해서 생각해 보겠다.

어쩌다 좋은 아이디어가 떠올라서 기억해 두려고 생각했는데, 얼마 지나서 도대체 그것이 무엇이었는지 전혀 생각나지 않았던 경험은 누구에게나 있을 것이다.

몇 시간을 궁리하거나, 잘못하면 반나절을 그 생각만으로 허비하는 일조차 있다. 그렇게라도 해서 생각해 내면 괜찮지만 결국 생각해 내지 못하고 포기한 채 '어차피 큰일도 아닌데.' 하며 자위하는 것은 한심한 일이다. 그 사이에는 신경이 쓰여서 다른 일

179

에 집중도 못 하고 초조함이 더해 간다.

물건을 찾을 때 '서랍 속'에 넣어두었는지 '책상 위'인지 얼마간 '주변'을 찾아보지만, 기억의 경우는 실마리를 발견하는 것조차 곤란한 경우가 대부분이다. 기분은 나빠지고 일의 능률이 오르지 않으며 소모하는 것은 '물건 찾기'보다 더 클지도 모른다.

그런 낭비를 없애기 위해서는 먼저 '메모하는' 습관을 익혀야 한다. 잊어버릴 리 없다고 생각해도 잊어버리는 것이 사람이다. 특히 평소에 메모할 수 있는 수첩이나 필기구를 몸에 지니고 다니는 것이다.

단 무언가가 떠오를 때라는 것은 회사에서 책상에 있을 때나 계획을 짜고 있을 때가 아니라 공교롭게도 전혀 일과 관계없을 때나 그런 상황일 때 문득 찾아온다.

예를 들어 전철을 타고 있을 때나 건물의 승강기에 타고 있을 때, 집에서 별 생각 없이 TV를 보고 있을 때, 목욕 중, 취침 전 등 때와 장소를 가리지 않고 떠오른다.

그 때문인지 나중에 메모를 하려고 해도 타이밍을 놓치는 경우가 많다. 될 수 있으면 전용 메모장을 휴대용과 자택용으로 나눠서 준비하면 좋다. 또 메모를 할 때에는 단어만 쓰지 말고 가능하면 문장으로 하는 것이 중요하다.

나중에 메모장을 보고 단어만 쓰여 있으면 무슨 내용인지 기억해 내지 못하는 경우도 있다. 또 같은 의미에서 가능한 한 글씨를 깨끗하게 써야 한다. 기껏 써놓았는데 읽을 수가 없다면 의미가 없다.

메모용지 대신 쪽지를 권하는 사람도 있다. 휴대하기 편하고 용건이 끝나면 바로 처분할 수 있기 때문이다. 메모용지라면 언제 쓴 것인지 모르는 오래된 메모와 섞여 혼란스러운 경우도 있다.

어느 쪽이든 기억을 의존한 물건 찾기는 많은 시간의 낭비가 되기 때문에 메모를 적는 습관을 몸에 익혀야 한다. 어쩌면 그 메모가 거대한 부를 가져올지도 모른다.

6

시간에
소홀한 사람의 공죄(公罪)

　시간에 소홀한 사람은 다르게 말하면 '시간을 소중하게 여기지 않는 사람'이라고 할 수 있다. 극단적으로 말하면 스케줄대로 움직이지 않고, 약속시간에 늦고, 계획성 없이 일을 한다는 것은 시간을 소중하게 여기지 않을 뿐만 아니라 시간을 소홀히 하는 사람이라고 할 수 있다.

　자신의 시간을 어떻게 사용하는가 하는 것은 자기 마음이지만 시간은 공유하거나 교차하는 것이기 때문에 자신의 시간에 소홀한 사람은 다른 사람의 시간까지 낭비하게 하거나 빼앗는 것을 깨달아야 한다.

　약속시간을 지키지 않으면 그 약속에 따라 행동하고 있는 상대의 시간을 침해 하는 것이 되고 자신의 사정으로 쓸데없는 얘기를 시작하거나 동료를 쉬자고 유혹하는 것도 상대의 시간을 완전히 무시한 행위인 것이다.

이런 유형의 사람들은 "오늘 저녁 한잔 하러 갈까?" 하는 권유를 거절하면 "뭐야, 바쁜 척이나 하고.", "한잔만 하자."라고 억지로 끌고 가지만, 반대로 자신이 바쁠 때에는 아무에게나 "좀 도와 줘!" 하고 주위 사람들을 성가시게 한다.

어느 쪽이든 "시간에 소홀한 사람 중에 일을 잘하는 사람은 없다."라는 진리가 그대로 들어맞는 사람인 것이다(185쪽 참조).

2007년 3월, 남미의 페루에서 '시간을 지키자.'는 캠페인을 시작했다는 기사를 본 적이 있다. 이것은 정부가 주체가 돼서 실시하는 운동으로 가르시아 대통령은 "지각 때문에 국민 전체가 연간 30억 시간을 낭비하고 있으며, 그것을 자산으로 환산하면 손실액은 50억 달러에 상당하다."고 지적하면서 "지각을 하지 않는 것은 국력을 높이는 것과 연결된다."라고 국민에게 호소했다고 한다.

원래 남미 국가들은 시간감각에 둔하고 1시간 정도의 지각은 일상다반사로, 늦었다고 해서 죄책감을 느끼는 일도 없다고 한다. 어떤 통계에 의하면 페루 국민의 80퍼센트 이상이 '자신은 자주 지각한다.'고 자각을 하고 있으면서도 죄책감은 갖지 않았다고 한다.

　페루 전 대통령인 토레드 씨의 지각은 유명하다. 한번은 3시간 이상이나 지각해서 참가자들을 기다리게 한 적이 있다고 한다. 그런 나쁜 관습을 일소하려는 사명감을 가진 가르시아 대통령은 "시간에 소홀하다는 우리나라 국민들의 최악의 습관을 끝내지 않으면 안 된다."라고 앞장 선 것이다.

　이 숫자가 나타내는 대로 바로 '시간은 금'이자 시간의 소중함을 알려주는 이야기이다.

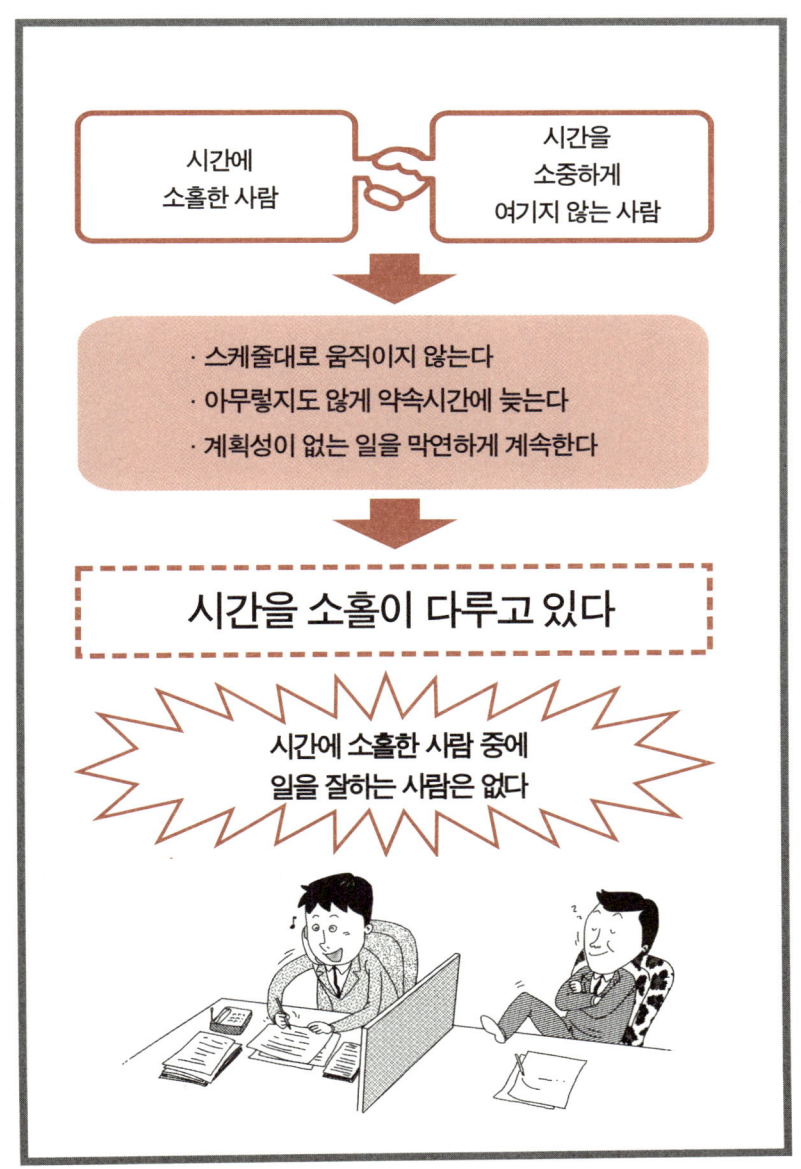

무엇이든 승낙하는 사람은
시간술의 전문가이다

　어떤 비즈니스 책에 시간의 사용 방법이 서툰 사람의 전형은 다른 사람의 부탁을 거절하지 못하고 무엇이든 떠맡는 사람이라고 쓰여 있었다. 사람 좋게 "예, 예." 하고 대답하는 사이에 이것도 저것도 맡게 되는 상황을 가리키는 것이다.

　한마디 '노.' 라고 말하지 못하고 자신의 허용범위를 넘을 만큼 일을 떠맡아 이러지도 저러지도 못하게 되거나, 매일 잔업을 하거나, 자신의 개인시간은 전혀 없다고 하소연하는 사람이다.

　인간적으로는 '요령이 없다.' 고 동정하게 되는 유형의 사람이라고 할 수 있다. 그런 사람은 결과적으로 '시간의 사용 방법이 서툰' 상황에 몰리고 있을 뿐이지 원래 시간 관리를 하지 못하는 사람은 아니다.

무언가를 부탁하는 편에서 보면 부탁하기 쉬운 것도 있겠지만 부탁해도 들어줄 것 같지 않은 사람에게는 부탁을 하지도 않을 것이다. 어느 정도 기대에 부응해 주는 사람이기 때문에 부탁하려고 하는 것이다. 이것은 그만큼 능력이 있다고 인정받고 있는 사람이라고 할 수 있다.

장사를 예를 들어 보면 이해하기 쉽다. 라면가게가 이웃해서 늘어서 있는데 첫 번째 가게는 손님이 꽉 찬 상태이고, 다음 가게는 텅텅 비어 있다고 하면 당신은 어느 가게에 들어가고 싶어질까? 조금 기다려서라도 손님이 많은 가게에 가려고 할 것이다.

즉 '맛이 좋아서 손님이 많은 가게' 와 '끝없이 일에 쫓기고 있는 사람' 에게는 공통점이 있다. 일에 실수가 계속되거나 기일을 맞추지 못하면 점차로 일도 적어질 것이다. 평소에 만점이라고는 할 수 없어도 합격점이라는 결과를 내고 있기 때문에 계속해서 부탁한다고 할 수 있다.

그리고 그런 '사람 좋은' 사람이 어느새 '시간 관리의 달인' 으로 변하는 것이다. 이것은 의뢰받은 기일까지 일을 끝내려고 노력하고 학습한 결과물인 것이다.

허용범위를 넘는 일을 부탁받고서도 어떻게든 끝내기 위해서 어떻게 하면 좋은가, 어떻게 하면 효율 좋게 시간을 사용할 수 있

187

는가, 모색하는 사이에 '단지 요령이 나쁜 사람'이 '시간술의 전문가'로 변신하는 순간이 오는 것이다.

이제까지의 말을 정리하면 '거절하지 못하고 일을 맡는 사람'은 결과적으로 '시간 관리를 하지 못하는 사람'으로 보이지만 사실은 언젠가는 '시간술의 전문가'가 되는 잠재능력을 가진 유능한 인물이라고 해도 과언이 아니다.

요령이나 운좋게 곤란한 상황을 잘 피하는 사람은 당시에는 능숙하게 시간을 관리하는 경험이나 노하우를 학습하고 있지 못하기 때문에 막상 중요한 상황에 직면하면 어떻게 대처해야 하는지 모른 채 공황상태에 빠지거나 하는 것이다.

여기에서 말할 수 있는 것은 시간과 진지하게 대면해서 지속적으로 노력을 하는 사람에게 시간은 결코 배신하지 않는다는 것이다.

8

디지털시계와 아날로그시계

아날로그시계를 대신해서 디지털시계가 보급되기 시작한 지 시간이 얼마나 경과했을까? 소위 오디오 제품이 디지털화된 경위와 비교해 보면 보급 속도는 다소 늦는 편이라고 할 수 있다.

오디오 제품의 경우는 "레코드판이 소리에 깊이가 있다.", "CD의 음은 인공적."이라는 의견이 만연해 있음에도 불구하고 막상 디지털화가 시작되자 눈 깜빡할 사이에 아날로그에서 디지털화로 이행돼서 레코드판은 자취를 감추었다. 더불어 레코드 바늘의 제조중단과 함께 레코드플레이어는 CD 플레이어로 교체되고, 결국에는 레코드 가게는 CD 가게로 바뀌어버렸다.

그런 압도적인 오디오 제품의 디지털화 속도에 비하면 시계는 아직도 아날로그 제품이 널리 애용되고 있으며 디지털·아날로그와 아날로그·디지털이 공존하는 상태가 계속되고 있다.

이것은 왜 그런 것인가? 내(필자)가 생각하는 원인 중 하나는, 시계란 '시간의 흐름'을 알려주는 것을 목적으로 한 제품이라는 점을 들 수 있다.

1분이 60번 흐르면 1시간이 되고 1시간이 24번 흐르면 하루가 되고, 하루가 30번 흐르면 한 달, 한 달이 12번 흐르면 1년이라는 식으로 시간은 강물의 흐름처럼 시시각각 이동하는 것이라는 성격과, 아날로그시계의 바늘이 조용히 또는 '짹깍짹깍'이라는 소리와 함께 흘러가는 모습이 바로 시계로써의 표현력이 디지털보다 뛰어나다고 할 수 있다.

분명히 디지털시계는 얼핏 본 것만으로 현재의 시간을 할 수 있다는 의미에서 아날로그보다 뛰어나다고 할 수 있다. "지금 몇 시?"라는 말을 듣고 즉시 대답할 수 있는 것은 디지털 쪽이다. 하지만 시간의 흐름을 표현하는 의미에서는 아날로그시계에 이길 수가 없다.

마치 시간을 잘라내는 것처럼 현재의 시간만을 전하는 디지털시계의 표현방법이 오랫동안 아날로그시계에 익숙해진 우리들의 유전자에 위화감을 불러일으키는 것일지도 모른다.

거리에서나 공공장소에서 볼 수 있는 시계에 디지털·아날로

그가 많은 이유도 "지금 몇 시?"라는 수요에 부응하기에는 디지털이 편리하기 때문이다.

한편 당신의 손목에 차고 있는 손목시계는 어떤가? 집의 거실이나 회사의 괘종시계는 어느 쪽일까? 통계가 있는 것이 아니기 때문에 정확히는 알 수 없지만 아날로그 비율이 높은 것 같다.

물론 기호의 차이와, 시계의 기능에 무엇을 요구하는가에 의해 다르겠지만, 오디오 제품이 전부 디지털화된 것과는 달리 아날로그시계와 디지털시계는 앞으로도 목적에 따라 나눠서 사용되고, 적절히 공존해 갈 것 같은 생각이 든다.

최근에는 손목시계를 차지 않는 사람이 늘고 있다. 이것은 휴대전화에 내장된 디지털 표시 시계가 있으면 충분하다고 생각하는 사람이 있기 때문에 휴대전화의 보급에 비례해서 시계의 디지털화 비율은 서서히 높아지고 있는 것이 아닌가 한다.

집의 시계는
정확한가?

　당신의 집에는 시계가 몇 개나 있는가? 대부분 헤아려 본 적이 없을 것이다. 독신자라도 벽시계에 자명종, 부엌에 놓는 시계, 화장실에 소형 시계, 욕실 전용 시계…… 5개나 6개는 있을 것이다. 그중에는 자명종만 3~4개를 가지고 있는 사람도 있다고 한다.

　그 외에 가전제품에 딸린 소형 디지털시계가 있을 수도 있으니, 우리는 생각보다는 많은 시계에 둘러싸여 생활하고 있는 것이 현실이다.

　그런데 그 몇 개나 있는 시계의 시간은 모두 정확한 시간을 가리키고 있는가? 각각 조금씩 틀린 시간을 가리키고 있다고 말하는 사람도 있을 것이고, 모두 조금씩 빠르게 해두었다는 사람도,

늦게 맞춰둔 사람도 있을 것이다.

개중에는 벽에 걸린 액자나 달력이 1밀리미터라도 기울어져 있는 것을 보면 신경에 거슬리는 사람이 있는 것처럼 집 안의 시계가 1분이라도 틀리는 것을 허용하지 못하는 사람도 있을지 모른다.

몇 사람에게 이 질문을 해본 결과 의외로 많았던 것이 손목시계를 포함해서 집의 시계는 일부러 두세 개씩 빠른 상태로 해둔다고 대답했다. 그 이유도 모두가 "빠르게 해두는 편이 지각하지 않을 것 같기 때문에."라고 했다.

7시에 맞춰둔 자명종시계로 일어나면 사실은 7시 5분 전에 기상한 것이 되기 때문에 그만큼 5분의 여유가 있다는 것이다. 그런데 인간은 학습하는 동물이어서 두세 번 그렇게 반복되면 '시간을 5분 빠르게 해뒀다.'라는 사실이 입력되어서 결국은 그것을 전제로 행동하게 된다.

잘못하면 기껏 7시 알람으로 눈을 떴는데 '아직 5분 더 잘 수 있다.'라고 방심해서 30분을 우물쭈물 보내게 되는 경우도 있다.

어쩌다 시계가 늦어진 경우 이외에는 시계를 의식적으로 늦게 해두는 사람은 없을 것 같은데 당신은 어떤가? 7시 기상 예정이 사실은 7시 5분이라면 바쁘기만 할 뿐 아무런 장점이 없기 때문이다.

또 집에 있는 시계 중에 어떤 것은 빠르게 해두고 또 어떤 것은 느리게 해두는 것도 곤란하다.

예를 들어 시계가 어떤 상태인가를 전부 파악하고 있다고 해도 헷갈릴 경우가 있을 것이고, 이래서는 시계의 역할을 다하지 못하고 있는 것이 되어버린다.

그렇게 생각하면 역시 집 안의 시계는 가능하면 정확한 시간을 가리키도록 하는 것이 좋다는 결론을 얻게 된다.

원래 시계바늘을 빠르게 하거나 느리게 하는 것은 어떡하든 스스로 시간을 조정하고 싶다는 욕구의 발로이다. 그 마음은 알겠지만 크게 잘못 생각하고 있는 것이다.

시계바늘을 움직이는 것은 어디까지나 시계를 조정하고 있는 것뿐이지, 절대로 시간을 조정하고 있는 것이 아니기 때문이다. 몇 번이나 말했지만 당신의 시간은 당신 마음대로 할 수 있다. 당신이 존재하는 한 곁에 있어 주는 인생의 파트너이기 때문에 겸허하고 사이좋게, 착하고 능숙하게 사귀는 것이 더 중요하지 않을까?

'인생 80년 시대'의 시간표

지금까지 이 책을 읽어준 당신에게 이 자리를 통해 또 한 가지 흥미진진한 이야기를 하고자 한다.

이 맺음말을 읽지 않고 책장을 닫은 사람은 영화에 비교하면 '끝'이라는 자막이 나오기 시작하는 순간에 자리를 뜨는 것과 마찬가지이다. 그런데 사실은 '끝'의 자막이 끝난 후에 마지막 반전이 남아 있는 것을 보지 못하는 것과 같다.

이미 20년 전에 출판된 책 중에 「인생의 시간표」라는 제목의 책이 있었다. 내용을 읽은 것은 아니지만 인연이 있는 저자로부터 직접 이 책에 대한 개요에 대해서 들을 기회가 있었는데 대단히 재미있어서 여기에서 인용하면서 소개하겠다.

195

20년 전은 '인생 60~70년'이라고 불리는 시대였다. 저자는 사람의 인생과 시계를 조합해서 크게 다음과 같이 설명했다. 시계가 60분에 한 바퀴 도는 것처럼 인생도 60년으로 하는 것이 알기 쉬울 것이다.

먼저 인생을 4개의 블록으로 나누고 유·소년 시대, 청년 시대, 중년 시대, 장·노년 시대로 나눌 수가 있다. 이 4블록을 시계로 비류(比類)하면 0(12)~3까지가 유·소년 시대, 3~6이 청년 시대, 6~9까지가 중년 시대, 9~12까지가 장·노년 시대가 된다.

시계의 60분이 인생의 60년과 중첩되기 때문에 한발 더 나가서 정리하면 0세~15세까지가 유·소년 시대, 16세~30세까지가 청년 시대, 31세~45세 중년 시대, 46세~60세까지가 장·노년 시대가 되는 것이다. 인생 60년은 시계의 60분과 겹친다. 게다가 완전히 4등분된다.

그런데 20년이 지난 오늘, '인생은 80년~85년'이라고 불리고 있다. 여기에서도 이해를 돕기 위해 인생 80년이라고 하면 사람의 20년간의 인생은 1.3배가 되어버린다.

그럼 앞에서 4등분한 유·소년 시대에서 장·노년 시대 사이의 어디가 어떻게 늘어나서 인생 80년이 된 것인가?

여기서 길이 60센티의 얇은 고무판이 있다고 상상해 보자. 고무판의 폭에 대해서는 생각하지 않아도 괜찮지만, 그 고무판의 양

196

끝을 들고 80센티 길이가 될 때까지 당겨 보았다고 가정한다.

고무판의 어느 부분이 늘어나서 80센티가 됐는지 알 수 있을 것이다.

사실은 들고 있는 끝부분은 거의 늘어나지 않고 고무판의 중심 부분이 늘어난다. 바로 인간의 수명의 연장도 이와 마찬가지이다. 즉 고무판의 중심 부분에 해당하는 30세 주변을 중심으로 20세 부분이 늘어나고 있는 것이다.

이것에 따라서 앞의 4등분은 어떻게 되는가를 정리해 보면 15세까지의 유 · 소년 시대는 거의 변하지 않는다. 다음의 청년 시대가 약 10년 정도 늘어나기 때문에 16세부터 40세까지가 청년 시대가 된다. 또 중년 시대도 약 10년 정도 늘어나서 41세부터 65세까지가 중년 시대이다. 그리고 장 · 노년 시대는 변하지 않기 때문에 66세부터 80세까지가 된다(199쪽 참조).

대단히 기쁜 검증결과가 아닌가? 인생 중에서도 가장 혈기왕성하고 많은 결실과 에너지가 넘치는 시대가 늘어난 것이기 때문에 누구도 불만이 없을 것이다.

그러고 보면 근래의 몇 년 동안에 40세, 50세가 되어서도 젊음을 유지하는 여성이 늘어나고 있다. 또 50대 남성을 보고 '아저씨.'라고 부르기도 한다. 이 모두를 「인생의 시간표」에 비춰보면 멋들어지게 맞아떨어지고 있다.

우리들은 지금 인생 80년 시대의 시간표에 따라 살고 있다. 40대, 50대는 아직 중년 시대의 한가운데라고 말할 수 있다. "소년은 늙기 쉽고 배움은 어렵다."라는 격언도 지금은 옛말이 되어 버린 지 오래이다.

이 책은 '시간 관리술'이라는 주제로 '시간이란 무엇인가.'에 대해 생각해 보았다. '시간'이라는 존재를 직접 눈으로 볼 수는 없지만 '시간'은 당신이 살아가는 한 항상 옆에서 머물며 멈추지 않는다. '시간'이란 '생명체'라고 할 수 있지 않을까? 즉 '시간에 대해서 생각하는 것'은 '살아가는 것에 대해서 생각하는 것'이자 '시간을 소중히 하는 것'은 바로 '살아가는 것을 소중히 하는 것'이다.

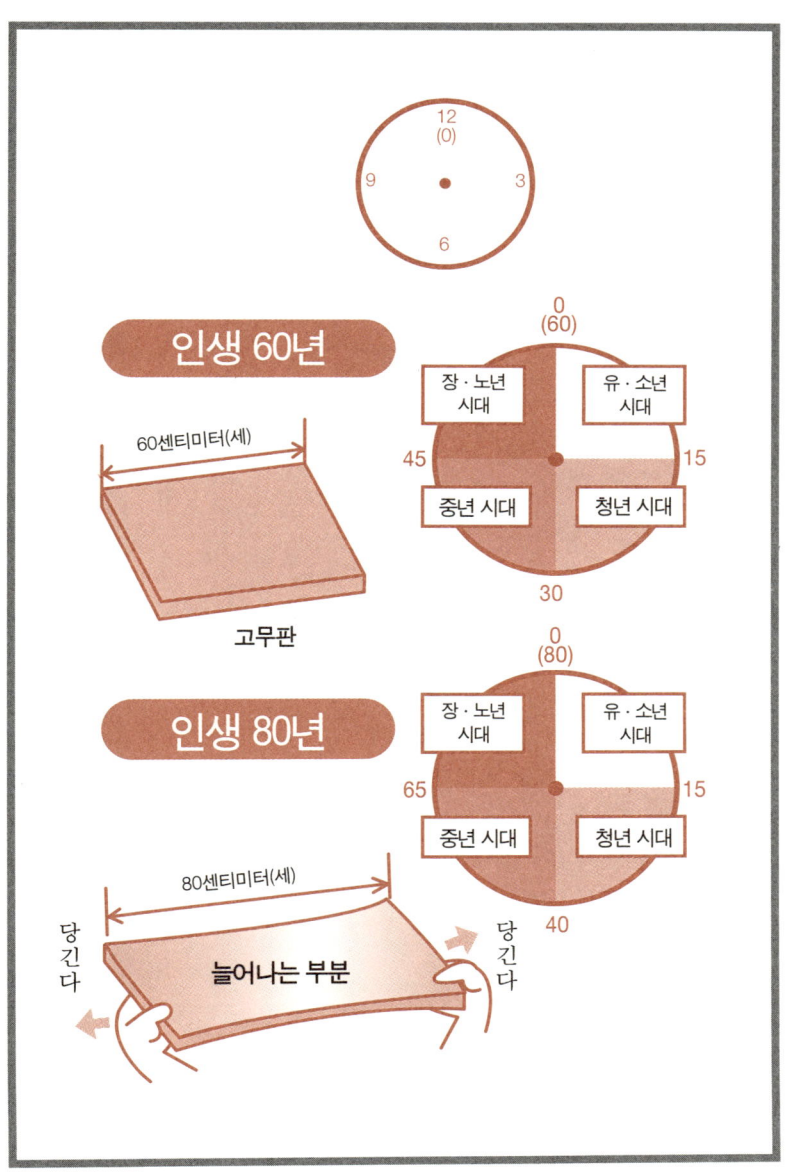

시간?
이렇게 관리하라

1판 1쇄 발행 ‖ 2019년 4월 1일

지은이 ‖ 일본세상조사연구회
옮긴이 ‖ 강성욱
 그 림 ‖ 조광래
펴낸이 ‖ 김종호
펴낸곳 ‖ 밀라그로
 주 소 ‖ 경기도 고양시 일산동구 백석2동 1456－5
 전 화 ‖ 031) 907－9702   FAX ‖ 031) 907－9703
이메일 ‖ milagrobook@naver.com
 등 록 ‖ 2016년 1월 20일(제2016- 000019호)

ISBN ‖ 979-11-87732-18-1 (03320)